人力资源管理
转型升级与实践创新研究

单 锐 单 雪 著

哈尔滨出版社
HARBIN PUBLISHING HOUSE

图书在版编目（CIP）数据

人力资源管理转型升级与实践创新研究／单锐，单
雪著. -- 哈尔滨：哈尔滨出版社，2025.1
　　ISBN 978-7-5484-7750-1

　　Ⅰ．①人… Ⅱ．①单… ②单… Ⅲ．①人力资源管理
-研究 Ⅳ．①F243

中国国家版本馆 CIP 数据核字（2024）第 047914 号

书　　名：**人力资源管理转型升级与实践创新研究**
　　　　　RENLI ZIYUAN GUANLI ZHUANXING SHENGJI YU SHIJIAN CHUANGXIN YANJIU

作　　者：单 锐 单 雪 著
责任编辑：李金秋

出版发行：哈尔滨出版社（Harbin Publishing House）
社　　址：哈尔滨市香坊区泰山路 82-9 号　邮编：150090
经　　销：全国新华书店
印　　刷：北京虎彩文化传播有限公司
网　　址：www. hrbcbs. com
E - mail：hrbcbs@ yeah. net
编辑版权热线：（0451）87900271　87900272
销售热线：（0451）87900202　87900203

开　　本：880mm×1230mm　1/32　印张：5.5　字数：140 千字
版　　次：2025 年 1 月第 1 版
印　　次：2025 年 1 月第 1 次印刷
书　　号：ISBN 978-7-5484-7750-1
定　　价：48.00 元

凡购本社图书发现印装错误,请与本社印制部联系调换。
服务热线：（0451）87900279

前　　言

　　随着知识经济和经济全球化的迅速发展,人力资源管理已成为企业的关键管理职能,人力资源的有效开发与利用能够帮助企业赢得可持续发展的竞争优势,这一点已经成为人们的共识。因此,加强人力资源的管理工作,充分调动企业员工的积极性、主动性、创造性,发挥人力资源的潜能,已成为企业管理的中心任务。

　　近几年来,人力资源管理的理论研究与实践取得了突飞猛进的发展,新的思想、理论、技术与方法不断涌现。为了帮助我国企业的各类管理者、管理专业的学生,尤其是人力资源管理及其相关专业的学生了解国外最新的人力资源管理理念、方法与技术,以及国内企业人力资源管理的最新实践,掌握人力资源管理的精髓,组织编写本书。本书既可以作为学校人力资源管理、工商管理及其他相关专业本科生的教材,也可以作为企业管理人员或其他社会相关人员的参考用书。

　　由于作者水平有限,书中不足之处在所难免,敬请各位专家、读者不吝赐教。

目　　录

第一章 人力资源管理概述

第一节 人力资源管理的内涵与特征

一、人力资源管理的内涵

(一)人力资源管理的任务

为了充分发挥人力资源管理对组织起到的关键作用,组织要采取一些措施来促进自身的发展经营。组织要规划好人力资源战略,做好岗位分析和人力资源谋划工作,也要做好招募和甄选、绩效管理、薪酬管理、培训和开发员工以及劳动关系管理等方面的工作。这些都属于人力资源管理的专业能力模块,也属于人力资源管理部门的职业责任模块。

1.人力资源战略

根据组织的任命、发展目标、战略规划等,合理地开展组织的人力资源管理活动,还要根据这些来确立人力资源战略规划。

2.工作岗位分析

确定了组织的人力资源战略后,组织就要依据人力资源战略的要求科学合理地设置一个组织结构。当完成组织结构的设计后,组织要对设立的每一个部门进行合理的规划,对每一个部门组织要设置适当的职位数量、每个职位要做的工作任务、每个职位的工作职能,组织还要对担任相应职位的人进行严格的选拔,明确员工应具备的任职资格。这都是工作岗位分析应该完成的任务。

3. 人力资源规划

依据组织的战略规划和组织内部人力资源情况来拟订的人员吸引和裁员计划称作人力资源规划。人力资源规划的内容主要是对组织内部员工的流动状况进行预估,包括对人员流入和流出情况进行估测,按照估测的结果来拟订相关人员的供求计划,进而满足组织的未来运营对人才的需求。

4. 招聘(招募与甄选)

招聘就是指通过招募和甄选新员工的工作来填补企业空缺职位。招募的目的就是征集大量的求职者,可以使组织对求职者进行筛选。甄选工作就是指从众多求职者中挑选出最适合企业发展的人员。

5. 绩效管理

绩效管理不仅是组织人力资源管理的重要环节,同时也是整个组织管控和经营的一个关键环节。绩效管理是保证每个员工以及全体员工的工作行为和工作行动对组织理念和目标的达成产生积极作用的一个关键机制。绩效管理能够将企业的运营目标和发展战略进行细化,还能够把每一个重要责任以及关键目标进行充分落实,这能够有效保证组织战略规划的真正落实和实行,为组织的良好运营奠定基础。

6. 薪酬管理

薪酬是企业给员工劳动发放的经济性报酬。只有员工为企业提供学识、本领、能力以及精力之后才能获得。完备的薪酬体系可以使员工保持工作的积极性以及保证优秀的工作绩效,也能使员工长期地在企业工作。一个组织对全部员工所提供的服务进行总结考查,并根据结果来确定他们应得到的薪资和支付方式,这个过程就是薪酬管理。在这个过程中,企业要对以下几个方面做出决策,包括薪酬支付形式、薪酬构成内容、薪酬标准以及特殊职员群体的薪水等。

7. 培训与开发

培训与开发是组织开展的一项有规划的、持续性的活动。具体是指:一个组织为了让员工拥有完成目前或以后的工作任务所需要的学识、技巧和能力,从而开展的一项改善员工目前和未来工作绩效的培训活动。培训与开发是一个组织保证员工具有达到组织战略目标所要求的有关知识技能、本领以及工作态度的重要方法。

8. 劳动关系管理

现代人力资源管控的一个重要部分就是劳动关系管理,它的主要目标是通过促进企业和员工间的关系和谐发展来保证实现企业的战略目标,并确保企业的良好运营和长期发展。

(二)人力资源管理的特征

人力资源管理与物质资源管理不一样,它具有的特征有:

1. 从学科的角度讲,人力资源管理具备显然的综合性

信息管理和财务管理,一般都包括本学科的理论知识,但是人力资源管理涉及的学科知识比较丰富,包括经济学、心理学以及人才管理学等学科。发展人力资源管理理论要借助多个学科的理论知识和相关学术成果来实现。

2. 人力资源管理活动具有复杂性

人力资源管理活动是人与人之间的交互活动。管理对象的主观能动性,以及人与人之间情感、利益关系的复杂性,使得人力资源管理活动呈现出复杂性。在人力资源管理活动中往往要求管理者不能简单地站在组织一方的角度思考问题,而需要站在管理对象的角度思考问题,注意听取管理对象的意见,强化与管理对象的互动,不能用简单的方法处理人力资源管理问题。

3. 人力资源管理具有文化性

不同的文化追求会导致组织人力资源管理方式方法的差异性。无论是宏观角度还是微观角度的人力资源管理,都具有特定的文化取向和人才观念。比如,一些单位特别强调组织的和谐氛围,一些单位特别强调人的能力素质作用,一些单位特别注重分配的公平性,一些单位则特别注重分配的激励性,这些不同的价值观的背后则是这个组织文化特征的差异。因而,不同文化特征的组织,在人力资源管理理念、制度构建和操作上也会表现出一定的差异性。

4. 人力资源管理具有发展性

从传统的人事管理发展到以战略为核心的现代人力资源管理,人的理念和方法不断在变革之中,人在劳动中的地位越来越得到肯定,有效管理人和充分发挥人的积极性的方式方法也在不断变化发展。就如何评价人而言,随着人才测评技术的不断发展,传统的"目测""口试"逐步发展成人才测评的新方法、新技术,因而,人力资源管理从业人员需要不断学习,提升自己的专业技能水平。

二、人力资源管理的功能

对于人力资源管理,它的功能和职能本质上是存在区别的。它的职能主要是它要担任或执行的一连串活动,包括人力资源管理规划、职位解析、招募、甄选、录取等;人力资源管理的功能指的是它自身应具有的功能和作用,具备独立性,人力资源管理的功能是借助职能来达成的。人力资源管理的功能有五个方面,接下来进行详细表述。

1. 获取

首先要做的是人力资源的获取。获取人力资源的过程是按照企业发展目标,确定企业的工作规定以及人员数目等条件,借助工作解析人力资源策划、招录等环节,甄选与目标职位能力匹配的人才的过程。

2. 维持

构建并保持有利的工作关系是维持功能的关键体现。开展一些考核管理、薪资管理以及晋升管理等活动,确保员工工作的积极性,保证工作的高效完成,维持健康、和谐、安全的工作氛围,增加员工对企业的满意度,确保员工安心工作。

3. 整合

该功能主要体现在组织通过员工培训的方式,使员工的组织社会化得以实现。培训可以使员工的价值观念和文化思想与组织达成一致,使员工发展成为组织人,达到整合的目的,具体体现在引导新员工上岗和组织文化的培训。

4. 开发

开发是提升员工功能的重要措施。组织内部的一些开发管控活动,可以培育和提升员工的能力和素养,促进员工工作能力的提高,能够充分发掘员工的内在工作潜能,使得个人价值得到有效的发挥,还能够使人力资源对企业的发展做出贡献,并最终实现个体与企业共同发展、共同完善的目标。

5. 调控

调控功能主要表现在企业对员工进行合理规范、公正公开的动态管理,通过对员工的工作表现、工作潜力以及工作成绩进行评价和考查,能够为企业做出人力资源奖罚、升职降职以及裁员等决定提供支持,具体体现在晋升调职、离职退休、解雇、轮班等方面。

第二节　人力资源管理的基本模式

一、绩效管理

（一）绩效管理的特点

1. 绩效管理的目标是不断改善组织氛围，优化作业环境，持续激励员工，提高组织效率。它既可按企业、部门或小组的目标定位，也可以按员工的个人目标定位。

2. 绩效管理的范围，覆盖组织中所有的人员和所有的活动过程，它是企事业单位全员、全面和全过程的立体性动态管理。

3. 绩效管理是企业人力资源管理制度的重要组成部分，也是企业生产经营活动正常运行的重要支持系统，它由一系列具体的工作环节组成。

4. 绩效管理是指一套正式的、结构化的制度，它通过一系列考评指标和标准，衡量、分析和评价与员工工作有关的特质、行为和结果，考查员工的实际绩效，了解员工可能发展的潜力，以期获得员工与组织的共同发展。

5. 绩效管理是以绩效考评制度为基础的人力资源管理的子系统，它表现为一个有序的、复杂的管理活动过程，它首先要明确组织与员工个人的工作目标，并在达成共识的基础上，采用行之有效的管理方法，不但要保障按期、按质、按量地实现目标，还要考虑如何构建并完善一个更有效的激励员工、不断提升员工综合素质的运行机制。

总之，绩效管理是一个将企业与部门、员工个人目标紧密联系在一起的、科学的考评方法，从目标、程序导向到意愿、行为、效果导向,从事前策划到过程的监测,从事后考评到绩效改进的动态过程。绩效管理过程的每一次循环都将使企业、组织或员工迈上一个新的台阶,有所提高,有所发展,有所创造,有所前进。

(二)绩效管理的内容

绩效管理系统是由绩效计划、绩效监控、绩效评价和绩效反馈四个部分组成的一个系统。

1. 绩效计划

绩效计划是绩效管理系统的第一个环节,是指根据组织的战略目标及目标的分解,结合员工的工作内容和岗位职责,通过面谈,共同确定组织、部门、员工的工作任务,并签订目标协议的过程。其作用在于帮助员工认清目标,明确路线。绩效目标应明确、具体、可衡量,并且要充分考虑所需要的资源以及可能面临的障碍。

2. 绩效监控

绩效监控是绩效管理的第二个环节,也是整个绩效周期历时最长的环节,是指在绩效计划实施过程中,管理者与下属通过持续的沟通,采取有效的监控方式对员工的行为及绩效目标的实施情况进行监控,并提供必要的工作指导与工作支持的过程。要发挥绩效管理系统的作用,管理者需要在整个绩效计划实施过程中持续与下属进行绩效沟通,了解下属的工作状况,预防并解决绩效管理过程中可能发生的各种问题,帮助下属更好地完成绩效计划。在绩效监控阶段,管理者需要采取有效的管理方式监控下属的行为方向,通过持续不断的双向沟通,了解下属的工作需求并向其提供必要的工作指导,并且需要记录好工作过程中的关键事件或绩效数据,为绩效评价提供信息。从绩效监控的手段看,管理者与下属之间进行的双向沟通是实现绩效监控目的的一种非常重要的手段。

3. 绩效评价

绩效评价是绩效管理的核心环节,是指根据绩效目标协议书约定的评价周期和评价标准,由绩效管理部门选定的评价主体,采用有效的评价方法,对组织、部门及个人的绩效目标完成情况进行评价过程。需要注意的是,应当把绩效评价放到绩效管理过程中,将其看作绩效管理过程的一个环节。

4. 绩效反馈

绩效反馈是指在绩效评价结束后,管理者与下属通过面谈,将评价结果反馈给下属,共同分析绩效不佳的方面及其原因,制订绩效改进计划的过程。绩效反馈在绩效管理过程中具有重要的作用,是绩效管理过程中的一个重要环节,也是一个正式的绩效沟通过程。有效的绩效反馈可以使员工了解到自己的长处与不足,以此为依据制订自己的改进和发展计划,还可以从制度上避免或减少考核中不公平的现象,减少考核误差。绩效管理的目的绝不仅仅是得出一个评价等级,而是要着眼于提高绩效,确保员工的工作行为和工作产出与组织目标保持一致,从而实现组织的绩效目标。

(三)绩效管理的作用

1. 绩效管理可以提供组织发展的人力资源保证

当下,不仅科技在高速发展,技术水平在不断提高,而且新技术不断出现,推陈出新的速度很快。这就是所谓"知识型经济"的特点。在现今的市场竞争中,与垄断或抢占、价格优势、开拓营销渠道等经营手段相比,技术因素的作用越来越显著。因此,组织只有不断地更新自身的知识,才能不断地引进、开发出新技术,以高性能、高品质的产品来获得市场。知识可以用文字、图像、数据等记载和传播,但只有通过人的应用和创造,知识才能转化为价值。

组织必须创造条件,使员工的知识不断更新,进而使员工适应新技术、创造新技术。而绩效管理可以根据员工的绩效目标完成状况,判断出员工当下的知识水平与实现组织战略目标所要求的知识水平之间的差距,做出合理的教育培训安排,为组织的持续发展提供高素质的人力资源。

2. 绩效管理可以节省管理者的时间成本

如同其他管理业务一样,实施绩效管理是要耗费时间成本的,如管理者进行计划、监测、反馈都需要时间。但是,绩效管理明确了员工的工作任务、目标以及自主决策的内容等,这就减少了员工之间由职责不明确造成的矛盾,员工可以在既定的工作范围和权限内进行自主决策、解决问题,避免之后发生更大的损失,这样实际上就减少了管理者介入各个员工作业的时间。管理者可以将节省的时间投入到对业务系统整体的管理,这对组织目标的实现具有更大的意义。

二、薪酬管理

(一)薪酬管理的含义

薪酬管理指的是企业在运营策略与发展计划的引导下,全面考量内外部多种因素的影响,明确薪酬水准、薪酬结构、薪酬体制及薪酬组织,确定员工应该获得的薪酬,并实施薪酬调整及薪酬把控的过程。其中,薪酬调整指的是企业依照内外部众多因素的改变,对薪酬结构、薪酬水准及薪酬方式实施的对应的变化处理。薪酬把控指的是企业对给付的薪酬总数进行估算及监管,以此保证合理的薪酬成本支出,避免造成企业财务负担过重。

不同的薪酬管理方式顺应不同企业的不同管理需求,即使处于同一个企业中,由于不同工作部门和不同生产枢纽存在不同的特征,常常也需要选择不同的薪酬管理方式。可是每个企业是统一的经济组织,薪酬管理一定要具备整体性,才可以让薪酬管理成为运营管理系统的有机构成部分。薪酬管理系统是否完整规范,关联到企业是否获取适合的人员,能否成功地带动员工劳动积极性,对企业的角逐力与生存进步具有非常关键的意义。薪酬管理关联到企业内部的利益联系处理,包含员工和其他利益本身的关系及其员工内部之间的联系;在当代企业中,实施薪酬管理的目的是创建成功的制约激励体系,完成企业和员工间的共同进步,完成双方的互相激励。

(二)薪酬管理的作用

1. 激励的功能

"激励"功能是薪酬管理的核心功能,是薪酬管理的最主要目标。然而,薪酬管理"激励"功能的过程是怎样的呢?企业中的人力资源管理者在很多时候对"激励"的认识比较片面。就是"通过影响员工个人需要的实现来提高他们工作的积极性,引导他们在企业经营中的行为"。对物质的需求是员工的基本需求之一。薪酬管理就是通过影响员工物质需求的实现来提高其工作积极性,引导他们在企业经营中的行为。在这里,"影响"是有两个方向的,一个方向是让员工得到更多的报酬;另一个方向是减少员工的报酬。按照美国心理学家斯金纳(B. F. Skinner)的强化理论,就是"奖励那些符合组织目标的行为,以便使这些行为进一步加强,从而有利于组织目标的实现,……惩罚那些不符合组织目标的行为,以使这些行为削弱直到消失,从而保证组织目标的实现不受干扰"。

2. 信息传递的功能

薪酬水平的变动,可以将企业的组织目标、发展战略以及管理者的意图等及时有效地传递给员工。比如,工资的提升意味着企业对员工所做业绩的肯定;采用绩效工资制度,或提高绩效工资(或称奖金)的比重意味着企业鼓励员工之间或部门之间的竞争;采用年功序列制意味着企业希望员工长期在本企业效劳,希望减少员工的流动,等等。薪酬管理可以作为一个辅助的手段,多方位向员工传递各种信息。

三、劳动关系管理

(一)劳动关系的含义

所谓劳动关系,广义指在一定的生产资料所有制形式的基础上人们在社会劳动中相互产生的社会关系;狭义指劳动者与用人单位之间为实现劳动过程而发生的社会关系。其根本内涵是指管理方和监督管理方的组织机构(多为行业协会)与劳动者或劳动者团体(一般是工会)之间所形成的联系,是由于各方共同利益而产生的,体现了联合与冲突之间的必然结果,并受到当时社会的经济、科技、政治、法律法规等体系,以及当时社会发展的现实背景的影响。

(二)劳动关系的特点

1. 劳动关系是经济利益关系

雇员付出劳动从雇主那里换取报酬及福利才能维持生活,因此,工资和福利就成为连接雇主与雇员的基本经济纽带,这就形成了雇员与雇主之间的经济利益关系。如果缺乏这种经济利益上的联系,劳动关系就不存在,因而经济利益也就成为雇员与雇主最主要的联系,也是雇员与雇主之间合作和冲突的最主要的原因。

2. 劳动关系是一种劳动力与生产资料的结合关系

从劳动关系的主体上说,当事人一方为劳动力所有者和付出者,称为雇员(或劳动者);另一方为生产资料所有者和劳动力使用者,称为雇主(或用人单位)。劳动关系的本质是强调用人单位需要将劳动者提供的劳动力作为一种生产要素纳入其生产过程,与生产资料相结合。

3. 劳动关系是一种具有显著从属性的人身关系

虽然双方的劳动关系是建立在平等自愿、协商一致的基础上,但劳动关系建立后,双方在职责、管理上则具有了从属关系。用人单位要安排劳动者在组织内和生产资料结合,而劳动者则要通过运用劳动能力,完成用人单位交给的各项生产任务,并遵守单位内部的规章制度,接受用人单位的管理和监督。劳动者在整个劳动过程中无论是在经济上,还是在人身上,都从属于雇主。

4. 劳动关系具有社会关系的性质

劳动关系不仅仅是一种纯粹的经济关系,它更多地渗透到非经济的社会、政治和文化关系中。在劳动关系中,劳动者在追求经济利益的同时,也寻求其他方面的利益,如荣誉、周围人的尊敬、归属感、成就感等。所以,工作不仅是劳动者赖以生存的基础工作场所,也是满足劳动者以上需要的场所。这就要求雇主在满足劳动者经济需要的同时,还要关注劳动者的社会需求。

(三)劳动关系的内容

劳动关系的基本内容包括三个方面:其一,劳动者与用人单位在劳动内容与职责、劳动与休息时间、劳动报酬、劳动纪律及奖惩、劳动安全保护等方面的关系。其二,劳动行政部门与用人单位、劳动者在劳动就业、劳动争议以及社会保险等方面的关系。其三,工会与用人单位、劳动者之间因履行工会的职责和职权,代表和维持劳动者合法权益而发生的关系等。其中,确立劳动关系最重要的是明确以下方面的问题:

1.确立用人单位与劳动者双方的地位及结合的形式。用人单位与劳动者的结合形式不同,决定双方的不同地位,尤其对劳动者在劳动关系中的地位影响极大。总体来看,用人单位与劳动者的结合有两种不同的形式:一种是由国家统包统配的行政性结合,另一种是市场经济中的市场型结合。在市场型结合中,用人单位和劳动者是两个自主的、平等的主体,劳动者可以自主选择单位,用人单位也可以自主地选用劳动者,双方在劳动力市场中相互选择,一旦结合,便达成契约,形成一种平等的契约关系。

2.在劳动关系中,必须确立有关劳动及报酬方面的各种标准,包括劳动时间、劳动报酬、劳动条件、福利与保障等具体的规定。只有合理地确定各种标准,才能使用人单位与劳动者双方的权利与义务得到具体实现。当然,各种标准的规定有些可以很具体,如每个工作日的工作时间、加班加点的限制等。有些内容则只能规定最低标准或基本标准,如薪酬只能是原则性规定,具体数额由劳动关系双方通过一定的方式自主决定。

3.明确劳动关系双方的责、权、利,这是确立劳动关系的核心。确立劳动关系时必须明确,用人单位与劳动者双方均有一定的权利、担负一定的责任并得到相应的利益。责权利三者应相一致、相互对等;有多大的权,就承担多大的责,相应就得到多少利。不能出现责权利脱节或不对等的情况,任何一方责权利不对等,必然会损害另一方利益。在确立劳动关系双方的责权利时,必须注意两个方面:一方面,要防止一方权力的滥用而损害另一方,特别是用人单位辞退员工的权力,必须依法律和契约规定来进行;另一方面,在劳动关系中劳动者往往处于劣势和被动地位,所以要特别注意保护劳动者的权益。

（四）劳动关系的主要类型

劳动关系有多种类型。不同的国家、不同的组织、不同的社会环境乃至不同的文化背景,其劳动关系的类型都会有很大的差异。根据劳动关系双方力量和权力的对比以及政府政策、法律等影响程度,一般而言,劳动关系的类型大体分为均衡型、倾斜型和政府主导型三类。

1. 均衡型劳动关系

所谓均衡型劳动关系,是指劳动关系双方力量相对均衡,彼此相互尊重,互为制约。其具体表现为在相关法律和制度的保障下,劳动者和工会的代表能够了解就业组织内部的信息,就业组织的基本生产经营决策由代表组织的管理方和劳动者及其代表共同参与、协商制定。

2. 倾斜型劳动关系

所谓倾斜型劳动关系,是指劳动关系双方力量相差悬殊,一方在劳动运行中起主导作用,并支配另一方的行为。其具体可以分为向代表组织的管理者一方倾斜和向劳动者一方倾斜两种形式。

3. 政府主导型劳动关系

所谓政府主导型劳动关系,是指政府是控制劳动关系的主导力量,并且决定劳动关系的具体事务,劳动关系双方都必须服从政府的控制。

第三节 人力资源管理的理论基础

一、资源基础理论

以彭罗斯(Penrose)等学者的开创性工作为基础,沃纳菲尔特(Wernerfelt)提出了企业的资源基础理论(RBV),首次完整地阐述了这一理论,经过巴尼(Barney)等学者的进一步发展完善,认为企业是"独特的资源集合体",而企业的持续竞争优势来自企业所拥有的有价值的、稀缺的、难以模仿的和不可替代的资源。该思想已经得到了广泛的认可,成了目前战略管理研究的理论基石之一。赖特(Wright)等人(1992)以组织中个体能力呈正态分布为假设前提,基于资源基础理论视角,提出了人力资源作为持久的竞争优势应该是能为企业带来价值的,而且人力资源必须是稀缺的、不可被模仿的、难以被替代的。其中价值性就要求企业的人力资源工作要具有结果导向性,所做的工作能够对企业的目标实现带来直接正向影响;稀缺性和不可被模仿性要求企业的人力资源管理工作要具有创新性和符合企业特性,同时要保证对优秀的人才有足够的获取能力、保留和发展提升能力;难以被替代性要求企业的人力资源工作要从企业战略制定出发,最后深入到企业的日常具体事务当中去,对企业战略目标达成做到全程参与。

在资源基础理论的发展过程中,又出现了核心能力、动态能力、企业知识基础理论等不同的流派,但这些流派的基本思想都认同"企业在本质上是产品、业务背后的要素组成的独特组织,而竞争优势来自那些具有特殊性质的要素"的观点。只不过不同流派的研究者侧重于研究的要素不同,认为拥有特殊性质的要素是"战略资产""核心能力"以及"集体知识"。

二、行为主义理论

行为主义理论,受到学术界的普遍关注,它来源于权变理论。行为主义理论称员工行为在组织战略和个人绩效间起到了传导功能,该理论还认为员工为企业所付出的努力是由员工的个人意志和对组织管理的态度共同决定的,因此当组织的发展策略有变化时,组织应及时改变管理方式,并进一步促进对员工行为的指引和领导,使得员工为企业的发展做出贡献。1984年,迈尔斯(Miles)和斯诺(Snow)从行为主义的视角出发,在他们先前提出的组织特点分类构架的基础上,描述了防御型战略、探究型战略以及解析型战略的区别化诉求,也阐明了不同的战略下所产生的特指的人力资源管控实践和员工角色行为。员工角色行为可以根据不同的战略需求体现出不一样的行为结果。例如,在富有创新性的战略中,人力资源管理应该使员工充满冒险兴趣、敢于接受新奇的事物,对公司目前的情况怀有积极乐观的态度;在低成本的企业战略中,人力资源管理要引导员工树立节约意识,培养节约理念,注重工作的成本和品质,注重效率并提高效率。

行为主义理论为人力资源管理理论的形成和发展提供了支持。第一,与资源基础理论不同,行为主义理论把关注点放在了组织的核心资源——"人"上,而不是放在传统的企业的资源上,还在管理理论的基础上给予了人生来就具备的主观能动性,注重人对管理方法的采纳和反应,产生了一个管理方面的闭环。第二,关于人对管理的接受和认同,行为主义理论认为它不是单独作用的,人的行为是几种管理机制共同作用、共同影响而产生的一种行为,因此对管理方法提出了组合的想法,即将不一样的多种管理手段进行结合,会领导员工做出不一样的行为。最后,该理论认为通过实施不同的管理方案,可以指引和领导、培养、最终强化员工适合组织发展所要求的角色行为,这种行为可以协助实现企业发展的目标,还产生了企业独特的核心竞争力和发展理念。

三、控制理论

1985 年,默德(Mowday)第一次把控制理论模型与人力资源管理实践结合,研究的主要内容是多种人力资源管理战略动作来管控员工的离职行为。后来,赖特(Wright)和斯内尔(Snell)在 1991年创建了人力资源管理模型,同样也是在控制理论的基础上建成的。此模型认为,企业从外界环境中获得所需的人才资本(包含员工的学识、本领以及能力)是人力资源体系的投资,当获取资源后借助企业内部的员工行为来完成体系的人力资源转换,最后以企业的目的实现、员工满意程度、员工的流失程度为体系的产出体现出来。人力资源管理模型中的人力资源管理包括两个普遍使用的子系统,即能力管理系统和行为管理系统。保证企业中的每个员工具有相关的技能来开展公司战略的管理过程被称为能力管理。能力管理包括四个方面,即能力获取、能力运用、能力保留以及能力替代。能力获取是指采取能力判定、招募、甄选、培训等管理方法来协助组织获取发展所需求的员工的能力;能力运用是指当组织拥有具备一定能力的员工后,借助人力资源管理体系充分发掘、利用、激起员工的能力,使员工为实现企业的目标而努力工作;能力保留是指企业可以借助多种人力资源管控方法将企业具备的个人能力转变成企业的组织能力,对员工进行有效培训和管理,保留下具备关键能力的员工并使他们协助企业维持核心能力;能力替代是指一个组织按照战略发展要求研究和获得新的适应组织战略发展要求的能力并最终形成能力的更替。行为管理指的是员工的行为方式可以支撑或者适应企业战略的管理过程,与行为主义相似,采用绩效管控和设立薪资福利机制来指引和激励员工的行为,确保有充足的正向功能来使企业完成战略目标。但是,控制理论模型不只是对企业内部的资源进行管控,它同样也注重企业的管控方法应该与企业所处的环境相匹配,随着环境的变化而变化,采用控制方法来调和外部环境与内部资源的联系,促进两者互相结合,共同发展、共同进步。

控制理论模型将人力资源管理根据管控逻辑进行了区分,促使具体细致的管控更具针对性,该模型还表明了管理方式可以促进企业内部资源和外部环境以及企业战略目标更加和谐,当人力资源管控方式促使组织绩效与预测的绩效产生差别时,借助外界的反应及时整顿目前实行的管理方式,促进战略目标能被高效实现。

四、人力资本理论

人力资本是人们以某种代价获得并能在劳动力市场上具有一种价格的能力或技能,是凝聚在劳动者身上的知识、技术、能力和健康,是对人力资源进行开发性投资所形成的可以带来财富增值的资本形式。人力资本理论随着市场经济的不断发展,伴随知识经济和世界经济全球化的到来,逐渐深化人们对人力资源的认识。人力资本理论凸显了人在物质生产中的决定性作用,体现了投资人力资本的价值,对人力资源管理发展为战略性人力资源管理和人力资本管理起到了重要的推动作用。

1. 人工成本观念向人力投资观念的转变

随着经济增长方式的转变,对人力投资带来的收益率超过了对一切其他形态资本的投资收益率。由此可见,企业用于员工发展的费用不是简单的成本性支出,而是实现增值的投资性支出。因此,花在员工身上的钱并不是越少越好,科学合理的人力投资不仅回报率高,而且是实现企业价值扩张的最终源泉。

2. 企业和员工之间新型关系的建立

人力资本是资本化了的劳动力,具有资本增值性,而且它天然地依附于"人",属于个人产权范畴。随着人力资本重要性的凸显,员工以人力资本为生产要素,更加平等地参与到企业生产活动之中,企业与其员工的关系也不再局限于劳动关系,更是投资合作的伙伴关系。

3. 人力资源战略性开发的重要性愈加凸显

一方面,凝聚在劳动者身上的知识、技术、能力和健康是一种资本形式,能为企业带来巨大的收益,因此,企业必须通过开发性投资不断提升员工个人价值以实现企业效益的最大化;另一方面,由于人力资本的所有权和使用权具有高分离性,以及人力资本的生物性和能动性特征,企业效益实现与员工价值提升之间构成相辅相成的辩证关系。企业在对人力资源进行开发的过程中必须考虑员工个人价值和主观意愿,通过关注员工职业素质的可持续发展达到员工和企业两方面价值共同最大化的目标。

4. 股票期权和员工持股等多种激励方式的出现

人力资本的生物性特征及其在社会财富创造中的决定性作用使得人力资本持有者在利润分配中的权利得到认可,加之企业和员工之间的关系由劳动关系向投资伙伴关系的转变,股票期权和员工持股等更使得接近利益分配核心的激励方式成为可能。

五、激励理论

激励是通过一定的刺激以满足被激励者的需要,从而达到增强其内在行为动力的过程。简言之,激励就是通过一定的刺激使管理对象产生积极性的过程。

1. 激励理论的主要内容

西方的激励理论主要包括内容型激励理论和过程型激励理论。内容型激励理论集中研究什么样的因素能够引起人们的动机和行为,也就是研究管理者应该使用什么因素来激励被管理者,以促使其产生积极的行为动机。内容型激励理论的典型代表有:马斯洛(Abraham H. Maslow)的需要层次理论、阿德弗(Clayton P. Alderfer)的 ERG 理论、麦克利兰(David C. McClelland)的成就需要理论、赫茨伯格(Frederick Herzberg)的双因素理论。

过程型激励理论试图解释和描述动机和行为的产生、发展持续及终止的全过程,它可以清楚地告诉人们为什么员工在完成工作目标时选择某种行为方式,而不是其他行为方式。典型的过程型激励理论包括：亚当斯（John S. Adams）的公平理论、弗鲁姆（Victor Harold Vroom）提出后经波特（Porter）和劳勒（Lawler）发展的期望理论。

2. 激励理论对人力资源管理的影响

人力资源管理十分重要的任务是充分调动管理对象的工作积极性，提高能力素质，以便更好地完成工作任务要求。而用什么东西来调动工作积极性，如何来调动管理对象的工作积极性？激励理论提供了非常丰富的内容。

激励理论可以很好地指导对管理对象的绩效管理，促进管理对象更好地提高工作绩效；在薪酬管理中，更好地发挥薪酬的激励功能；在培训中，更好地激发培训对象的学习动机，增进培训效果。可以说，激励理论为有效解决人力资源的行为动力问题提供了坚实的理论支撑。

第二章 人力资源管理与企业核心竞争力

第一节 企业核心竞争力的概念与理论基础

一、企业核心竞争力的概念与特征

核心竞争力一般指的是一个企业的整体,不是企业的某一部门或者某个领域。核心竞争力是企业在历年来的发展过程中积累所产生的,并不能通过市场交易得到。因此核心竞争力不是企业的资产,也并不局限于某一个产品,而是能长期产生竞争的一种能力,同时还要符合以下特性。

（一）价值性特征

最富有战略性的核心竞争力就是价值性。核心竞争力指的是竞争力的一种,如果它具有价值这一属性,那就属于核心竞争力。核心竞争力能够帮客户实现他所在意的价值,能为客户带来长期的利益;能为企业在长期的竞争中争取主动权,能够在同行业的竞争中比竞争对手更优秀。核心价值包含了客户的价值,同时包含了企业对客户价值的保护,帮助客户价值的升值,这种价值能够让客户感知得到,从而提升企业的竞争力,它包含了以下几个因素:其一是价值保障,它是一个价值传递的过程,是在成本一再降低的过程当中,依旧能够保持产品的价值不因成本下降而受影响,而客户也能不受影响依旧接受产品的价值;其二是价值提升,对企业的产品改进以达到提高品质的目的,对企业的服务意识不断加强来提高服务的价值含量,这是一个不断增值的过程;其三是价值创新,企业要不断提高自己的创新能力,研制新产品和服务,以提高市场竞争力和客户的满意度。

(二)独特性特征

独特性是指企业的核心竞争力为企业所独自拥有,其他的竞争对手并未拥有,它是企业在激烈的竞争中的保障,是长期竞争的优势。核心竞争力是企业在长期的发展实践过程中,经过了前期的造就和后期逐渐积累而形成,并且竞争对手难以进行复制。企业核心竞争力的独特性,保障了企业的竞争优势,在激烈的市场竞争中能够不被效仿和超越。它始终保持了企业所提供产品和服务的独特性,是企业所特有的,客户无法在竞争对手中得到相似的产品或服务,增强了企业的主动性。如果企业的核心竞争力不具有独特性,那么很容易被同行业所替代,从而造成企业市场竞争力减弱,客户价值认可度下降,可持续竞争优势将不存在。

(三)动态性特征

企业的核心竞争力是支持企业长远发展的重要驱动力,是由企业在长时间的运营发展过程和不断实践中总结积淀出来的,所以稳定性较高,产品生命周期也较长。因为企业的核心竞争力是一种动态发展的过程,它和各个时代的企业文化,以及企业内部组织架构、管理制度等企业战略资源都脉脉相通。而经过时间的推移,企业核心竞争力也会经过由形成到消亡的一种动态发展过程,使得企业的核心竞争力既具有相对稳定性,又具有动态的变迁特性。

二、企业核心竞争力的理论基础

(一) 水桶理论

根据美国管理学家彼得(Peter)所提出的水桶理论,我们可以得出,在任何一个企业,任何一个组织中,都会面临这么一个相同的问题,那就是企业内部和组织中的每一个人都是优劣参差不齐的,而"最短的那块木板"才是真正能影响整个企业内部和组织的存在。在一家企业内部,处于最劣势的那块板子,也是企业内部所要正视的漏洞,要尽最大的努力想方法在短期内弥补。将企业的经营业务比作木桶内的水,如果对业绩不利的话就找那块最短的木板来解决,而企业的老板,则可被比作各种资源。为了能使木桶发挥最大盛水量,要会合理地分配和使用企业内部的各种资源,并及时找到最短的那块木板,将其补足。综上所述,木桶可以有大小的区分,木桶的原理也有整体和局部的区别,而我们在这当中所能做的就是找到自己的那只木桶,去发现其中最短的那块木板并替换掉它,然后在木桶里面尽量装满水来充实自己。

(二) 微笑曲线理论

微笑曲线将一条产业链分为三个区间,即研发与设计、生产与制造、营销与服务,其中附加值更多体现在两端,即研发与设计、营销与服务,而处于中间环节的生产与制造附加值最低。于是,生产制造环节的厂商总是不断地追求有朝一日能够走向研发设计和营销服务两端。而在国际产业分工体系中,发达国家的企业往往占据着研发与设计、营销与服务的产业链高端位置,发展中国家的厂商则被挤压在低利润区的生产与制造环节。在国际产业分工体系中走向产业链高端位置,向微笑曲线两端延伸,已成为发展中国家

的制造厂商积极追求的目标。从微笑曲线到全程协同,如图 1 所示:

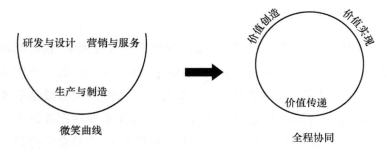

图 1 从微笑曲线到全程协同

第二节 人力资源管理与企业核心竞争力的关系

一、人力资源管理与企业核心竞争力的内在联系

(一)人力资源管理是企业核心竞争力的关键

1. 企业核心竞争力的强弱取决于企业人力资源的状况

企业离不开人力资源,它也是动能性生产的主要因素。对于一个企业来说,不管是技术、资金还是生产资料以及人力资源等都是它的生产要素,企业的正常运行也离不开这些。不同的要素发挥着不同的作用,人力资源却是第一要素,它能够起到决定性的指导作用,并且它对其他的生产要素也有一定的使用和推动作用。企业人力资源和核心竞争力之间所存在的关系是能动与被动以及主导与辅助,一个企业技术创新能力的强弱,是由企业中科技人员的水平与能力所决定的,企业的市场营销、组织管理以及反应能力

的强弱,主要原因在于企业高层领导的水平以及能力,企业的服务以及生产制造的能力,主要是企业中的生产工人的水平以及能力的高低来决定的,所以影响企业整体的竞争力水平的主要因素是企业中每一个人的能力以及素质。也就是说对企业的核心竞争力的强弱起到决定性的作用的是人力资源。比如说海信集团,它的成功主要归功于对人力资源的重视,当海信集团意识到人力资本产权的重要性时,就开始在企业中设立了相关的激励政策,将福利待遇以及工作环境进行完善,这让人力资本的积极性得到了相应的激发,这种学习能力和技术以及治理机制的共同作用下,让海信的竞争优势在多家企业中脱颖而出。

2. 企业核心竞争力的培育过程是企业人力资源管理的过程

关于企业核心竞争力的培育过程,可以以三个阶段来进行划分。

第一,对企业核心竞争力的技能以及专长进行获取和开发并构成。

第二,对构成企业核心竞争力的要素进行整合。

第三,对核心产品市场进行开发的阶段。

要想将企业核心竞争力达到最强,那么就需要在核心竞争力的培育过程中做到用最短的时间获取到最关键的技术,将核心产品的市场份额做到最大化。这一过程中最关键的因素就是要求企业具备较多的高质量人才。所以企业核心竞争力的培育过程一定要有管理企业的人力资源的贯穿。

企业的发展战略进行全面的实施,并且让企业的核心竞争力不断地增强,这就是企业人力资源管理的主要目的。将企业员工的技术能力、知识水平以及智力进行提高与开发,并且培育他们的敬业精神以及企业本位意识,企业核心竞争力和有效的人力资源管理两者相结合才能够奠定企业坚实的人力资源基础,以此来增强企业的核心竞争能力。

3. 企业核心竞争力的增强是企业人力资源管理的根本目的

不断增强企业核心竞争力既是企业自身发展的迫切愿望,又是市场经济条件下企业生存与发展的客观要求。必须全面、深刻地分析与研究增强企业核心竞争力的有效措施。从企业核心竞争力的内涵和构成以及一些成功企业的实践经验来看,全面系统地进行企业人力资源管理是增强企业核心竞争力的重要措施。企业人力资源管理是以企业全体员工为管理对象、对员工的智能进行的开发管理,具体内容包括三个方面:一是启发、培养员工的智力,如理解力、思维判断力、想象力、创造力等;二是提高员工的技能,实际操作、运用创新技术的能力和科学技术、文化知识水平;三是充分调动企业员工工作积极性、主动性,培养其敬业精神。上述第一、第二方面是培养能力、挖掘潜能的过程,第三方面是促使其全部能力充分释放的过程。由以上管理内容所决定,企业人力资源管理是一个立体交叉开发系统,具体包括企业人力资源管理的规划系统、企业人力资源管理的投入/产出系统、企业人力资源管理的评估系统。

企业人力资源管理的根本目的是,通过对科技人员的管理增强企业技术创新的能力,通过对经营管理人员的有效管理增强企业反应能力、组织管理能力和市场营销能力,通过对生产工人的有效管理增强企业生产制造能力和连带服务能力,通过各方面能力的整合增强企业的核心竞争力。

在世界经济一体化、知识经济已经出现的当代,企业要生存和发展就要具有自己的核心竞争力,而企业核心竞争力的培育与增强需要企业不断地进行人力资源的开发。企业应高度重视人力资源开发对增强企业核心竞争力的影响,有效地做好人力资源开发工作,为企业核心竞争力的增强奠定坚实的人力资源基础。

（二）人力资源管理与企业核心竞争力的关联性

已经有太多的研究能够证明，人力资源管理能为企业带来竞争优势，当下人力资源管理的质量已不如人力资源管理的价值大。

当下有人认为，人力资源管理能够影响企业的核心竞争力，而人力资源也被认为是企业的核心竞争力之一，对人力资源的开发与管理，就是对企业核心竞争力的有效培育。有一个可能是，人力资源确实存在于一个企业当中，只是还没有被人力经理所发现，或者没有完全得到合理的利用。如果人力资源能够在专业的领导下管理，比如员工培训，如何挑选员工，薪酬制度带来的吸引力，培养和保留高质量的员工等，在人力资源能够得到开发和利用之下，能够和公司的总体目标实现一致，这样就能够建立企业的核心竞争力。人力资本也能够成为与企业效益相互关联的中间变量，在这种原因下，更多的企业都开始强调人力资本的重要性，尽管多数企业都同样重视，但是只有少数企业可以把人力资本开发出竞争优势。所以人力资源管理要想真正成为企业的核心竞争力，就必须靠人力资源整合和人力资本实践，二者的相辅相成。企业可以从其他企业已经发展较好的人力资源管理者中借鉴经验或者模式，但不一定适用于自己的企业，只有能够适应企业自己内部特定的环境，人力资源管理才可以成为企业的核心竞争力。

二、人力资源管理对企业核心竞争力的作用机制

（一）黑箱模型

人力资源管理的各项实践活动对企业核心竞争力有着或多或少的影响，这种影响不仅体现在企业的财务业绩上，还体现在对企业战略的实施与战略目标的实现等方面。那么，从整体上讲，人力

资源管理与企业核心竞争力之间具有什么样的关系呢？已有研究采用累计叠加方法来测量两者的关系，即将每一项人力资源管理的实践活动所产生的影响简单叠加为一个整体变量，来衡量人力资源管理对企业效益的影响。

换言之，就是看企业竞争力中有多少能够为某一项特定的人力资源管理实践活动做解释。对于这种理论方法只要略加分析就会发现它的不科学性。如果人力资源管理的实践活动的项目数是不断增加的，或者从事人力资源管理活动的人数增加了，采用累计叠加方法求得整体变量必然是增加的。显然这种解释是不合实际的。

影响企业发展的管理政策和活动除了人力资源管理之外，还包括财务资源管理、物质资源管理、信息资源管理和市场资源管理等。而所有的管理活动最终都要靠人来实现，每一种资源的管理和企业竞争力之间的关系都不是简单的线性关系，很难说企业竞争力提升中有多少是由于某一种资源的管理引起的，难以确定一种资源管理投入的增加或减少与企业竞争力提升或下降之间的定量的关系。由此可以看出，企业的人力资源管理与企业核心竞争力之间是一种黑箱关系，国内外学者都在试图将人力资源管理与企业核心竞争力之间关系的"黑箱"明朗化。美国人力资源管理专家克雷曼（Kleiman）提出"通过人力资源管理实践获取竞争优势的模型"。另外，费里斯（Ferris）等人对人力资源管理与企业效益之间的中介关系和相互作用过程进行了分析，提出了一种社会背景下的人力资源管理与组织效率关系模型，等等。

由于企业核心竞争力的提升是企业所处环境、企业自身发展阶段、企业经营战略、人力资源管理实践、人力资源管理支持等多种因素相互联系、相互依存的复杂系统行为的结果，人力资源管理无法单独对企业核心竞争力产生作用，必须与其他各种因素相互配合才能产生效果。而各影响因素之间又是相互联系、相互渗透的。要想把人力资源管理从这一复杂的影响因素体系中剥离出来进行分析是相当困难的。

（二）环节控制模型

有效的人力资源管理和开发活动，可以有效地提升企业的核心竞争力。人力资源管理对企业核心竞争力的促进作用贯穿于人力资源管理和开发的全过程中，包括人力资源战略规划、人力资源管理的职责定位、人力资源的获取与再配置、企业绩效管理体系的建立、薪酬设计与管理、人力资源培训与开发系统的建立等。人力资源管理通过其各个环节对企业竞争力作用的过程被称为环节控制模型。同时随着知识经济的来临和企业中知识型员工比例的提高，人力资源管理和开发的实施已不仅仅由人力资源管理人员来完成，各部门的管理人员、企业的高层管理者甚至企业中的每一名员工都要参与其中。

人力资源管理对企业核心竞争力的影响体现在多个方面，可以从多种不同的角度和层面来进行研究，并且对于不同行业特点的企业、企业的不同组织类型、企业的不同发展阶段以及企业所处的不同的外部宏观经济环境，人力资源管理对企业核心竞争力的影响和作用机制也不尽相同。下面我们将从人力资源管理过程和宏观、微观两个层面，探讨人力资源管理对企业核心竞争力的提高过程。

人力资源管理活动依照其在企业管理中的作用，可分为功能性活动和辅助性活动，它们在企业管理活动中起着不同的功能作用，两者相辅相成构成完整的人力资源管理系统。

人力资源管理系统依靠组织输入其需要的各种资源，包括环境、技术、市场机会、经济来源、劳动力等。同时它也为组织和个人带来输出,其输出最终表现为企业效益的增加和整个组织目标的实现。在企业的发展过程中,人力资源管理要想在企业管理中充分发挥作用,首先必须弄清楚整个组织目标和战略意图。有效的人力资源管理总是立足于组织目标和企业的发展方向来开展各项工作。

世界上许多著名的大型跨国企业通过以下三种途径将人力资源管理与企业经营战略相联系:

(1)为实现企业战略目标而选择人力资源管理系统构建与运作方式。

(2)在一定战略目标或环境下预测人力资源的需求并实施管理。

(3)在企业战略目标与组织结构相统一的整体中努力融入人力资源管理。

三种途径虽然各有特色,但共同之处在于:人力资源管理活动总是围绕组织目标来制订计划,将组织目标转化为人力资源管理各子系统的目标,形成相互配合的目标体系,共同致力于组织目标的实现。人力资源管理计划的制订与实施的首要任务就是为组织配置人员。人员的配置到位是组织运转的开端和持续运行的基础,具有十分重要的作用。事实上,人力资源配置调整是组织中的一项经常性的工作。

随着市场竞争的日益激烈以及国家宏观政策的不断变化,为适应经济环境的变化,企业必须不断改变与调整组织结构,这势必引起人力资源配置的变化。人力资源管理与开发的核心问题是力图动态地实现组织内人力资源配置优化。为此,要按照组织的要求改变内部环境,确定内部各部门的岗位责任制,建立组织发展系统、奖励系统、交流沟通系统以及劳资关系系统。

无论人力资源管理系统如何调整,所有子系统的计划和行为都应相辅相成,紧密配合,协同合作,形成合力,力戒出现子目标的不协调和重叠与冲突。任何系统的功能从本质上来讲都取决于系统的结构,整个人力资源管理系统的执行和循环过程所产生的结果,最终表现为企业核心竞争力的提升。

第三节　加强人力资源管理提升企业核心竞争力的策略

一、基于人力资源的企业核心竞争力模型

人力资源是一个非常复杂的概念,它不仅仅指的是团队之中的人才质量、人才数量,其还囊括我们企业之中人才的忠诚程度、工作态度这类反映员工素质的属性。其中最直接可以反映出来员工的综合工作水平与能力的就是人力资源的质量。而企业在市场之中与其他的企业进行竞争的时候其竞争的本质其实是处于企业之下企业全体员工的竞争,这就对人力资源的数量做出了要求。人力资源作为企业竞争所独有的竞争条件在当下已然成为竞争的最核心一环。因人力资源作为企业在市场竞争之中如此重要的特性,我们可以在企业管理经营之中构建以其为中心要素的管理模式,加之四大外围要素,形成一整套的企业运营体系。在本节,我们将对此体系人力资源与各个要素的作用关系进行逐一分析进而去合理规划,最终达到让企业在市场竞争中处于优势的终极目标。

其管理模式组成成分及其相互关系如下:

人力资源——绩效管理。绩效是反映一个员工的工作能力的重要指标,因此绩效的管理要以企业的员工为中心进行开展。古语所谓"能者多劳"描述的便是绩效管理的基本的模式,这种模式激发了企业员工的工作积极性,作为企业组成部分的员工工作效

率提升了,我们企业的绩效整体自然而然也就跟着上去了,而作为直接影响企业员工的人力资源管理不免直接影响着绩效的管理。

人力资源——学习型组织。我们通常将着力营造一个组织的优良的学习氛围以至于可以把名下劳动者的创造性思维完全激发出来的具有有机性、高度柔韧性,结构合理,发展可持续的组织叫作学习型组织。与此同时,随着日新月异的时代变化,在如今的企业管理之中,"学习型组织"正在人力资源的管理之中占据主流,一方面"学习型组织"的创建是适应时代的发展做出的要求;另一方面也是在如今的市场竞争之中提高企业核心竞争力的不二手段。

人力资源——企业文化。一个企业的发展与其本身所具有的企业文化是密不可分的,企业文化是充斥于一个企业的方方面面之中的,它是企业生存和发展的原动力,给企业的前进方向和目标做出明确指示,而且它可以使一个企业零散的各个部门有机结合起来。可以说倘若一个企业的企业文化一塌糊涂,它就像一台分工很乱的机器一般,每个部分不相配合,无法统筹好一切,随时可能分崩离析。这无疑会使我们的企业在市场中与其他的企业进行竞争的时候败下阵来,久而久之,破产淘汰一事也不过是"指日可待"。一个企业的文化不是要我们在企业创办之初就急急忙忙地确立下来,这也是不现实的,它是一种在企业运作的过程里面为了迎合市场不断进化而不断改变修正的精神文化。一提到精神,就不得不提出与之相匹配的物质作为媒介,对于企业文化来讲这种特殊的媒介就是"人",就是组成了企业的所有员工。同时在企业发展过程之中,对其进行更正与迭代的媒介也是人,由此观之,企业文化的决定性因素之一就是人。我们要求组成企业的所有"人"齐心协力为企业文化的形成和发扬贡献自己的力量,这样一个企业的文化氛围才可以在不断迭代之中越发优秀,以便推进企业稳步向前不断发展,进而在市场竞争之中立于不败之地。

人力资源——技术创新能力。科学技术的创新往往会带来生产力的巨大发展,不论在任何一种领域里面,科学技术总是充当着领头羊的重要角色。同样在市场竞争之中亦是如此,如果一个企业的技术创新总是在大家前面,那么其竞争力是别的企业无法比拟的。拥有了技术创新的能力,企业就可以将市场之中其他企业不具备把技术转化为生产力的优势发挥出来,在竞争之中脱颖而出。同样人也是技术创新的唯一媒介,一个企业要想持续掌握技术创新能力,就需要广纳贤士,把高素质的人才掌握在手里了,技术创新的能力自然而然就会上来,另一方面也要对原有的员工不断培训,提升他们的素质,把老员工也变成高素质的人才,从而形成竞争优势。

要想提升企业的竞争力,就要抓紧人力资源与这几个外围要素,在战略性人力资源管理的过程中,这几个因素彼此影响、彼此牵制、彼此促进,从而提升企业的核心竞争力。

二、提升企业核心竞争力的人力资源管理策略

(一)绩效管理创新提升企业核心竞争力

每时每刻都在竞争的市场对企业提出了不断提升生产力的改善绩效的要求,为了适应市场竞争的大环境,很多企业也在积极地寻求发展之路。但是,无数鲜明的事件向我们传递着这样一个信息,通过裁员等优化组织结构的措施虽然可以减少成本达到提高生产力的目的,但是并没有从本质上提高员工的绩效;绩效的改变从来不是单单依靠结构优化就可以改变的,它需要的是企业中每个组织成员个人行为的优化。因此建立学习型组织的目标提上日程,通过建立学习型组织员工的积极性得以有效地提高,积极性提

高了员工创新的热情自然也会高涨起来,大家共同进步的优秀氛围从而形成。于此之下,"绩效"的含义得到了全新的拓展,并随着时代不断变迁对绩效的管控已然成为各个企业人力资源管理的重要一环。

1. 绩效的概念

贝茨(Bates)和霍尔顿(Holton)指出,绩效是一种多维建构,测量的因素不同,其结果也会不同。我们要想测量和管理绩效,必须先对其进行界定,弄清楚确切内涵。一般可以从组织、团体、个体三个层面上给绩效下定义,层面不同,绩效所包含的内容、影响因素及其测量方法也不同。就个体层面来讲,人们给绩效所下的定义,尚未达成共识。目前主要有两种观点:一种观点认为绩效是结果;另一种观点认为绩效是行为。贝尔纳丁(Bernadin)等认为,绩效应该被定义为工作的结果,因为这些工作结果与组织的战略目标、顾客满意度及所投资金的关系最为密切。凯恩(Kane)指出,绩效是一个人留下的东西,这种东西与目的相对独立存在。由此不难看出,"绩效是结果"的观点认为,绩效是工作所达到的结果,是一个人的工作成绩的记录。表示绩效结果的相关概念有:职责,关键结果领域,结果,责任、任务及事务,目的,目标,生产量,关键成功因素,等等。不同的绩效结果界定,可用来表示不同类型或水平的工作要求,在设计绩效目标时应注意区分。

在绩效管理的具体实践中,应采用较为宽泛的绩效概念,即包括行为和结果两个方面,行为是达到绩效结果的条件之一。行为由从事工作的人表现出来,将工作任务付诸实施。行为不仅仅是结果的工具,行为本身也是结果,是为完成工作任务所付出的脑力和体力的结果,并且能与结果分开进行判断。这一定义告诉我们,当对个体的绩效进行管理时,既要考虑投入(行为),也要考虑产出(结果):绩效应该包括做什么、如何做两个方面。

2. 加强绩效管理,提升企业核心竞争力

建立客观公正的绩效评估体系既是一种绩效控制的手段,也是一项具有广泛激励和导向作用的人力资源开发管理系统工程,它能通过提高员工工作绩效,有效实现企业战略目标。在建立企业绩效评估系统的具体选择标准时,可从以下关键因素加以确定:

(1)重要性,即指对企业价值和利润的影响程度。通过专家对企业整体价值创造业务流程的分析,找出对其影响较大的指标。

(2)可操作性,即指标必须有明确的定义和计算方法,易于取得可靠的和公正的初始数据。

(3)职位的可控性,也就是说在面对指标内容时,所有的内容都在这一岗位职员的控制范围内,而不是超出了这个范围,这样对人员的目标完成,才能进行有效以及公平的激励。

企业要想将核心竞争力有所提升,那么在面对绩效管理时,就要进行有所成效的实施,除了将绩效考核模式进行转变外,将绩效考核转变为绩效管理才是最重要的,绩效管理体系要以高效的战略为导向来进行构建。

一般来说,绩效管理体系的完整性包括下面的五个部分:

第一,对绩效目标进行设定。绩效管理的核心就是目标,将目标进行落实后,才能开展绩效管理的活动,所以,领导和员工之间要结合各自的想法进行绩效目标的确立,让绩效管理的开展有坚定的基础。

第二,对员工业绩进行辅导。在目标确立后,辅导的职责就落到了领导的身上。员工在目标实现的过程中要和领导保持沟通,领导尽可能为员工目标的实现来提供相应的资源支持,在面对实现目标道路上的阻碍时,要清楚所有的努力都是为了目标的实现。

第三,对员工的业绩档案进行记录。绩效管理需要秉承着"没有意外"的重要原则,也就是领导以及员工对年终的绩效考核结果都在掌握之中,不会有太大的出入,在考核结果出来后,员工不会因为对结果不满意而与领导争论,绩效管理的理念就是避免这种情况的发生。这就要求领导在日常的工作中对员工多加观察并记录,将所观察到的各个方面整理成档案,在绩效评定时,也可以以此来作为有效的依据。

第四,对绩效进行考评。这一阶段是绩效管理的必经阶段也是尤为重要的一个阶段,绩效管理的意义是对员工考评后可以使他们对自己的不足能够了解,并在以后的工作中加以改正,有助于他们能力的提高,这也是员工和领导共同的机会。

第五,对绩效管理体系的不足进行诊断,并让问题得到有效的解决,在下一次的绩效考核时,能够发挥更大的作用。

在企业中,如果有明确的组织结构以及明晰的企业战略,那么就需要用企业阶段性的计划和目标取代战略,首先将各部门的计划和目标进行明确,然后再开展个人的计划和目标。在明确了计划以及目标后,就可以进行工作的开展了,企业也会通过一定的手段来对部门、个人以及企业的绩效状态进行实时的监控,将监控的结果实时地向企业不同阶层的领导进行反馈。

企业通过统计系统来对绩效进行监控,但是这一种方法也有一些片面性,无法满足绩效监控所提出的全部要求。在对绩效监控进行建立时,首先要改造以及梳理企业中已经存在的统计系统,尽量满足绩效考核所提出的各种要求。在一个阶段结束之后,考核者会通过监控系统所反馈的数据以及对绩效目标的完成情况来对被考核者进行相应的绩效评价,在监控系统中也能看出被考核者所存在的问题,可以对问题进行探讨分析,然后通过合理的方法来进行解决,让他们知道自己的问题所在并加以改正,对问题进行探究时,要明白它的根源始终是在被考核者身上。

考核的真正目的不单单是绩效评价,深入地探究后会发现,发现问题后对问题进行分析然后再解决问题才是绩效考核的真正目的。也可以将这一过程称为经营研讨。企业人力资源管理可以依据考核结果来进行决策,对于管理者来说,能够对企业的经营目标和计划重新定义,企业的战略也可以因此而改变。

(二)建立学习型组织提升企业核心竞争力

学习型组织这一理念从美国学者彼得·圣吉(Peter Michael Senge)系统提出到欧美的实践以及中国现阶段的引入和实践,越来越显示出它的生命力和活力。

1.学习型组织的概念

学习型组织这一概念是由美国哈佛大学教授佛睿思特(Forrester)在1965年发表的《企业的新设计》一文中首次提出来的。他的学生彼得·圣吉在1990年出版的《第五项修炼》中,提出了"五项修炼技术",即自我超越、改善心智模式、建立共同愿景、团队学习和系统思考,对学习型组织的内在含义做出了比较全面的概括:学习型组织是一个"不断创新、进步的组织,在其中,大家得以不断突破自己的能力上限,创造真心向往的结果,培养全新、前瞻而开阔的思考方式,全力实现共同的抱负,以及不断一起学习如何共同学习"。

彼得·圣吉提出"学习型组织"理论,标志着由个人学习向组织学习的转变。学习型组织,是指组织全体成员持续地通过各种方式和途径进行学习,形成组织学习的氛围、知识创造和共享的学习机制。只有学习型组织才能适应急剧变化的世界环境,才能永葆青春活力。学习型组织有四个特点:

第一,强调横向联系与沟通,强调授权。这种新型组织中强调授权管理以提高对外部环境的适应性。位于较高等级职位的管理者不再扮演监督与控制的角色,而是转为支持、协调和激励的角色。

第二,学习型组织应以成员的自主管理为导向,成员自主计划、决策与协调。在此,员工决策的范围远比参与民主管理的员工的决策范围广泛得多。

第三,学习型组织应具备较强的自我学习能力。较强的自我学习能力是组织在动态复杂的环境中维持生存、求得发展的必要条件。

第四,学习型组织富有弹性,反应灵活。知识、技术与信息在学习型组织中占主导地位,强调与速度的竞争。

学习型组织理论对于战略性人力资源培训具有重要的指导意义,培训是一个系统性工程,是组织整体的培训,涉及全员,要通过培训体系的建立、培训制度的执行和培训氛围的形成使学习和提高的理念深入组织发展之中,使培训、学习成为员工的自觉行为,切实提高员工和组织的学习能力,提升培训效果,帮助组织赢得持续的竞争优势,实现长远发展的战略目标。

2. 创建学习型组织,提升企业核心竞争力

在21世纪,"学习型组织"走入中国,深入人力资源的管理的含义之中。在国内有很多企业与公司正在学习研究凭借"学习型组织"这一跳板实现自己的一个飞跃。既然如此,在国内市场的环境下,企业又该怎么做来达到这一目的呢?

首先,迎合时代的发展改进自身。科学技术的腾飞带来了日新月异的生活,在21世纪信息技术产业的飞速发展,互联网的快速起步对我们的经济、社会与文化生活带来了巨大的冲击。在任何时候,故步自封、闭门造车都将招致团体的落后以致被淘汰,更不用说打败竞争对手了。因此,在未来企业会不断趋近智能化。知识、信息处理以及学习创新成为组织的重要能力,也可以说,学习型组织的建立将愈加重要。因此,组织以及组织中的个人都要不断地学习,不断地实现自我超越。

其次,要想进行更好的学习,创造是必不可少的。所谓"活到老学到老",对于"学习型组织"我们的第一印象就是学习,那么不免产生学什么、向谁学的问题。"三人行,必有我师焉",我们既可以向外部的竞争对手学习,也可以向组织内部的同事学习,甚至向自己学习,"吾日三省吾身"说的便是这个道理。学习的过程不仅是经验和知识由一方传达到另一方,更是在传达的过程中温故知新,产生新的收获新的成长。毕竟,创造是学习的核心。

最后,要想建立"学习型组织",企业家自身也是需要不断提升的,或者说这才是"学习型组织"建立的关键。企业家或者说经营者的学习能力才是影响着经营决策的重要一环。与此照应的是一旦企业家的学习能力得以提升,企业的提升可以说是无比巨大的。正如上文之中所提向组织内部的学习,企业家的学习可以成为员工的学习对象,对员工的学习还有提升有着巨大的推动作用。在"学习型组织"中,处在高层的领导人是应该努力提升自我的,这种提升不仅仅是业务的技能提升,更是指他要拓展自己的视野,接触更多新的环境,并在新的环境之中丰富自己的底蕴,而不是像闭门造车一般单单处理个人的事务。长此以往,他就可以以一个全新的视角管理统筹企业的各个事务,促使企业不断进步和提升。俗话说"火车跑得快,主要看车头"便是这个道理。

(三)加强企业文化建设提升企业核心竞争力

1. 企业文化的概念

随着《寻求优势:美国最成功公司的经验》一书的出版,"企业文化"的概念走入大众视野。再之后,美国大西洋大学管理学教授舒适特首先提出"A 战略"理论,即通过改造"企业文化"进而改进企业人力资源战略。在广义上讲企业文化包括了一个企业从建立开始所具有的一切物质文明和精神文明。在狭义上它是指一个企业由上至下所有人员的精神反应,是一种特殊的意识形态。我们常说的企业文化指的是在一个企业之中所有的工作人员在自身发展的同时带动整体企业的进步,大众齐心协力无形之中形成的共同目标、信念以及规范,它指引着每个人共同进步。

2. 加强企业文化建设,提升企业核心竞争力

企业的收益也会受到企业文化的影响,而且企业文化还有着隐藏作用,这是其他手段不能替代的。企业文化有着非常重要的地位,正如"国家富强靠经济,经济繁荣靠企业,企业兴旺靠管理,管理关键在文化"所说。

第一,企业的精神文化要重点关注。企业参考本身独有的特点,总结提炼出自己的先进管理观念,从核心上表现出本企业的个性,毕竟企业文化体系的核心就是先进的精神文化。

第二,企业的制度文化要持续更新。企业的文化建设必须有制度保证,制度保证中的制度文化要保持持续更新状态。杰出的企业既可以清楚认识到自己所处的环境,还可以明确自己的发展方向,在不同环境中及时调整自己适应环境,在企业的内外部条件被改变时,企业制度文化也能相应地调整、更新、充实、发展。这就表示企业要及时发现竞争环境的改变,以自己的观念为中心,持续推出新的管理制度。另外就是企业在创新制度文化的同时,要进行综合全面的考虑,是否能提升企业文化,是否符合自己的企业文化,确保企业文化建设在合理制度下顺利进行。

第三,企业主动提倡行为文化。企业文化建设必不可少的一个环节就是落实,只有彻底落实到实际中,该建设才能顺利完成。企业的管理层是整个企业的领导,要以身作则,推动落实优秀的行为举止,无论何时,一个领导的行为往往影响着下属的举动,这就是表率作用。提倡行为文化能从两个层面推进,第一层面是企业的全局上,意味着企业管理时就要体现出自己的文化特征,使用新的管理方式,展现企业的文化品位;第二层面是职员身上,职员要做到诚实爱岗、守信敬业,用具体的新态度、新举动践行企业文化,让客户从职员行为上,感受到企业的文化。

(四)进行技术创新提升企业核心竞争力

1. 企业应加强对技术创新的重视,加大对科研的投入

从前面的分析可以看到,技术创新不但能帮助企业克服边际效应递减的影响,提升企业的竞争力,其外部性还可以提高整个行业乃至整个社会的生产效率。而且只有保持先进的技术和不断进行技术创新,企业才能在激烈的全球竞争中享受高于平均水平的收益,立于不败之地,企业应该加强对技术创新的重视,建立学习型企业环境。

首先,企业应该加大对技术创新的资金投入力度,为企业的技术创新活动提供足够的资金保证。其次,企业应该加大对科技人才的引进力度,要提高高技术、高学历人才在员工中所占的比例,提高全体员工的创新水平,并注重对在职员工,特别是掌握熟练技术员工的培训。最后,企业还应该充分利用各类社会资源,加强与高校等科研机构的合作。企业可以将自己的科研课题、技术攻关项目外包到科研机构,也可以将科研机构的研究成果应用于实际的生产。这样不但可以节约企业的科研和人员成本,还可以化解企业科研的风险,并形成产学研的良性循环体系,有利于企业的长远发展。

2. 以技术创新,引导战略性人力资源管理

(1)对科研人员的激励

一项技术的创新不可能是一蹴而就的,需要很多人才夜以继日的不懈努力才有可能做到,很多时候没有十几年都不会有所创新。高风险往往意味着高收益。我们都知道,要适时地给员工一

些福利来激发对于工作的积极性,比如评价其平时的工作任务以及工作表现给予其物质的奖赏,以此鞭策员工努力进步。但是基于技术创新的特殊性,同样的方法是不适用于科研人员的,倘若是科研创新已经完成才给予奖励,那无疑是一种滞后的失败做法。企业技术的创新无法离开科研人员的不懈努力,他们作为接触企业的核心人员是企业保持和提升核心竞争力的保证,同时他们也是企业核心技术的掌握者,应该与企业共同进退,科研人才与企业的命运应该绑定在一起,因此我们对科研人员的奖励应该和对企业的核心人员的奖励是一致的,让他们参与企业的分红和分享企业的股份,以此激励出他们对于技术创新的积极性与稳定性。这切切实实地保证了企业的核心技术安全的同时,也调动了科研人员的积极性,为提高企业竞争力提供了保证。

(2)适时地奖赏普通员工

在生产力不断发展的现今,技术创新越发重要,但提起技术创新大家总会陷入技术创新只是单纯的某一项技术成果的发明,可事实并非如此,它是许许多多方面的成果交融在一起而形成的改革与创新,但在数量上居于少数的科研人员怎么可能让每个方面面面俱到呢?在企业日常生产中我们的普通员工往往就可以在一些很小的细节之上做出改革以及创新。对于这种创新我们企业不能总是视而不见,如此必然是会扼杀员工的积极性,使猜疑和不信任的种子埋在员工的心里。所以我们要适时地对做出这些小创新的员工进行奖赏,上文中我们也有提及在完成规定的任务时给予员工普通的奖赏,但在这里我们可以再加之一些精神上的奖赏,比如员工发明的新技术以他们的名字来命名再加之合理数目的奖金作为奖赏,进而达到调动全员进行改革与创新的积极性。长久下来普通员工的价值也得以升华,企业文化日趋完善,企业竞争力也会愈加强劲。

第三章　人力资源战略与人力资源规划

第一节　人力资源战略

一、人力资源战略的制定

制定人力资源战略的基本过程与其他职能战略的基本步骤类似,包括分析企业的内外部环境、识别关键问题、选择合适的人力资源战略模式、拟定备选方案、选择最终战略方案等步骤。

(一)分析企业的内外部环境

环境分析是制定人力资源战略的第一步。进行环境分析不仅要关注企业人力资源管理的现状,更为重要的是要考察并获取可能对企业未来绩效发生影响的内外部变化信息。

企业应该定期或者不定期分析内外部环境变化,识别可能影响人力资源和企业发展的潜在问题,审视分析企业的内外部环境需要,识别一些企业未来可能发生的情况(例如,企业以当前的增长速度持续成长,或者企业利润跌破行业平均水平致使企业发生负成长等),分析企业战略和竞争战略的导向,从而为制定人力资源战略奠定基础。

(二)识别关键问题

根据前面所做的环境分析,确定目前企业应该解决哪些具有战略高度的人力资源管理问题。例如,由于企业发展中出现的全球化、公司并购、多元化经营、分销渠道创新等问题,相应的人力资源问题可能包括人才吸引与保留、人力资源结构优化、人才队伍建设、员工福利待遇满意度提升等。

识别关键问题是为了明确人力资源战略的重点,是构建人力资源战略目标的基础。关键问题来自企业经营管理过程,解决关键问题能够从根本上保证人力资源战略对企业战略的支持度。

(三)选择合适的人力资源战略模式

目前,已经有一些成熟的人力资源战略分类得到了广泛认可。例如,根据人力资源战略重点,将人力资源战略划分为吸引战略、投资战略和参与战略;而从获取人力资源的角度,又可将人力资源战略分为完全外部获取战略、混合获取战略和完全内部获取战略。通过SWOT(态势分析法)分析,人力资源管理工作面临的内外部环境因素分为优势、劣势、机会、威胁四大类。企业可以从发挥优势、避免劣势、创造机会、减少威胁的角度出发,选择一种或者多种成熟的人力资源战略,作为制定本企业人力资源战略的基础。

(四)拟定备选方案

在选择了人力资源战略类型的基础上,根据企业具体情况,提出有企业特色的战略措施,拟订备选的人力资源战略方案。人力资源战略方案编制的核心内容包括指导思想、战略目标和战略措施。

(五)选择最终战略方案

在多个人力资源战略备选方案中进行选择时,可以采用关键因素评价矩阵方法。采取赋分值的办法,以备选方案和关键影响因素的契合程度为依据,对方案进行评分。评分标准为:"非常契合"计 4 分,"契合"计 3 分,"不契合"计 2 分,"矛盾"计 1 分,并根据每个影响因素的重要程度,给每个因素赋予权重,权重与评分的乘积,即该备选方案与这一因素的契合得分,总分最高的备选方案即是最可行的备选方案。表 1 为人力资源战略备选方案评分表。

表 1　人力资源战略备选方案评分表

影响因素	权重	某方案与影响因素的契合程度				得分
		非常契合	契合	不契合	矛盾	
企业战略						
企业文化						
企业组织结构						
契合反战阶段						
企业经营方式						
人力资源管理现状						
合计						

通过以上程序,一个完整的人力资源战略就形成了。应该注意的是,由于企业的实际情况受多方面因素的制约,所以一个有效的人力资源战略要综合不同方面的因素来建立,并且并非生搬硬套。另外,人力资源战略主要是提出了企业总体的人力资源管理思想和目标。在实际工作中,还需要相应的人力资源规划来落实人力资源战略。

二、人力资源战略的实施

任何优秀的战略,如果不付诸实施将一文不值。只有通过制订行动计划、预算和流程,将战略付诸实施,才能够使企业在人力资源战略的指导下,不断发展,不断进步。

(一)人力资源战略的实施原则

1.外部原则

国家及地方人力资源政策环境的变化,包括国家对于人力资源的法律法规以及国内外经济环境的变化等,这些都将影响企业内部的整体经营环境,从而调整企业内部的人力资源政策。因此,随时准备好根据外部环境的变化进行人力资源战略的更新,是实施人力资源战略过程中的一个重要原则。

2.内部原则

企业人力资源政策的实施必须遵从企业的管理状况、组织状况、经营状况和经营目标的变化。由此,企业的人力资源管理必须根据以下原则,依据企业内部经营环境的变化而变化。

(1)安定原则。安定原则要求企业不断提高工作效率,积累经营成本。企业的人力资源应该以企业的稳定发展为其管理的前提和基础。

(2)成长原则。成长原则是指企业在资本积累增加、销售额增加、企业规模和市场扩大的情况下,人员必定增加。企业人力资源的基本内容和目标是为了企业的壮大和发展。

(3)优化原则。人力资源应该以企业的生命力和可持续增长及保持企业的发展潜力为目的。企业应从长远发展的大局出发协调好劳资关系,做好企业的人才再造和培养接班人的工作。

(二)人力资源战略的实施步骤

人力资源战略的实施步骤包括制订行动计划和执行战略流程两个部分。

1. 制订行动计划

企业人力资源战略的行动计划分为两种：一是时间和周期计划，二是流程计划。行动计划示例如表2所示。

表2　行动计划示例

改进对一线员工培训水平项目计划							
主要步骤	责任	第一周	第二周	第三周	第四周	第五周	第六周
对项目计划达成一致意见		×××					
收集内部客户的反馈信息		×××	×××				
目前的结果和SWOT分析意见				×××			
经理对新服务目标的投入				×××			
完成第一个人力资源服务目标的拟定					×××		
收集高层管理团队的反馈					×××	×××	
确定最后目标和实现计划						×××	
开发重新启动所需的培训材料							从这里开始
向一线管理人员宣传新的培训理念							×××
建立监管机制，评价质量/成本							在一个月内

2. 执行战略流程

一般来说,在企业人力资源整体工作定位的指导下,企业执行人力资源战略分以下三个阶段进行。

第一阶段,框架建设阶段。搭建人力资源整体架构,夯实基础管理。构建人力资源管理整体政策及管理体系,夯实人力资源基础工作,初步将各项制度、机制融入人力资源管理体系中来,引进现代人力资源管理制度和机制,逐步与现代企业人力资源管理接轨。集中现有资源,有针对性地开展当前紧迫的工作,解决瓶颈问题。

第二阶段,完善阶段。系统规划,综合提升,使得人力资源管理达到国际化水平。全面推动人力资源管理体系的运作,对企业的人力资源工作进行综合统筹、分级管理,引进各种方法和手段,推进人力资源体系中的各项制度、各个工作的开展、实施与完善,并落到实处,在企业内充分形成互动,提升人力资源管理体系的整体运作效果,初步达到国际化管理水平,使一大批干部快速成长起来,推动企业国际化进程及战略目标的实现。

第三阶段,持续改进阶段。完善升级,实施前瞻性管理发挥战略牵引作用。全面夯实人力资源各项工作,前瞻性地开展人力资源战略管理,使得人力资源管理水平达到国际水准,形成一套具有国际竞争力和企业特色的"选、用、考、育、留"人才制度和运行机制,形成一批能够管理世界级企业的人才队伍,使人力资源成为企业的核心竞争力之一,并具备国际竞争力,使人力资源对企业整体工作发挥牵引作用。

3. 人力资源战略调整

人力资源战略实施中一个要注意的问题是如何进行战略调整。人力资源战略调整要注意以下几点。

(1)根据业务需要提出调整建议。

（2）只要确实需要，没有什么不可以修改。

（3）任何改变带来的影响不能失控。

第二节　人力资源规划

一、人力资源规划的概念

人力资源的规划可以分为广义和狭义。人力资源规划的广义概念是为了迎合企业未来规划的发展战略，根据企业自身的现状，用科学可行的方法对人力资源的管理及时地设计新的方针。其狭义概念则是企业从战略规划和发展目标出发，根据其内外部环境的变化对人力资源的结构进行调整并使之平衡，进而让企业适应不同时期的挑战，不让人力资源成为企业发展的挡板。简单来说人力资源规划就是对于企业未来某个时期人力的需要进行评估，根据评估的结果做出对策，使企业发展不受阻拦。

二、人力资源规划的内容

1. 人力资源战略规划

人力资源战略规划也可以说是人力资源整体规划，指的是人力资源部门依照企业的发展目的及战略规划，联结企业内外部发展环境，在对当下资源高度组合的基础上，对企业人力资源建设和使用的整体目标、宗旨及其战略规划实施的规划，是企业人力资源规划的根本。

2. 人力资源结构规划

人力资源结构规划是对企业人力资源构成形式、层次布局及其职位安排等层面实施的框架设计。企业的进步需要不同层次的人才，不但包括高文凭的文化型人才，还包含重实践的技术型人才;不但需要具备整体思维的管理人才,还需要可以实现整体事务的底层人才。所以,人力资源在性别、特长及年龄等层面怎样配置,也是人力资源规划一定要重点考量的内容。在实施人力资源结构规划的进程中,人力资源工作人员应当对企业组织结构现状进行判断及测评,在整体解析的根本上连续优化人力资源结构建设。

3. 人力资源数量规划

人力资源数量规划指的是针对企业的人力资源总数及各职位编制人员的规划。如果想要进行人力资源数量规划,应当对企业的人力资源当下的状况进行解析,对所有职位编制实施重新规划,让企业的人力资源和企业进步需要达到均衡。

4. 人力资源管理制度规划

人力资源管理制度是规整企业人力资源管理行为的文献,是企业人力资源规划目标完成的关键保证。人力资源管理制度包含员工录取制度、劳动协议管理制度、员工薪资待遇制度、新员工试用期间制度、员工绩效核查制度及员工退职管理制度等众多内容。

5. 人力资源成本规划

人力资源成本规划是对企业人力资源的获取费用、管理费用、离职费用进行的规划。充足的人力资源成本是企业进行高效的人力资源管理的物质保障,但是,由于企业经营以追求利益为宗旨,因此,企业的人力资源管理也需要进行成本规划,力求以最少的成本获得最好的人力资源利用效果。成本规划是人力资源规划中非常重要的一环,对人力资源工作者的要求也较高。

三、人力资源规划的作用

(一)人力资源规划的一般性作用

企业在人力资源规划的指导之下,人力资源的数量、质量得到了保障,同时提高了企业的工作效率,在战略上人员配置高度保持一致,继而提高了企业的竞争力,使其得到充分突显,这就是我们所说的人力资源规划的一般性作用。人力资源规划是连接战略规划和企业业绩的阶梯,如图2所示。通过人力资源规划,在三方面提高组织实现战略目标的能力:将人力资源管理与企业战略紧密相连;分析未来变化,在人力资源方面预设应对措施;提高人力资源使用的经济性。

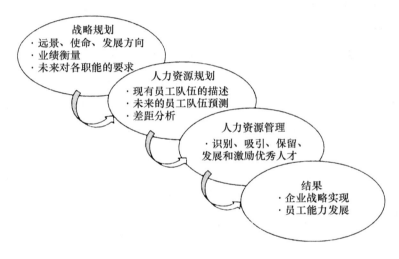

图2　人力资源规划与战略规划的关系

(二)人力资源规划的具体作用

1. 帮助组织识别战略目标、提供有利环境

社会的发展变化一直在持续中,企业为了生存也要不断地去适应社会的变化,以此来做出改变。在当下的用人市场,人才的稀缺性已经是各大企业已预见到了的,市场行情是现实的,而企业有时又会抱有一些理想化的想法,这显然已经不符合当下的用人市

场的行情。传统的招人方式已经在发生改变,企业要积极应对,改变策略,形成一个理性的人才战略观。关于人力资源应该如何规划,可以通过需求预测、供给预测等方法,来使企业明确战略和目标等在当下的可行性与科学性。做好人力资源的规划,能够稳定企业内部,来帮助企业实现战略目标。企业的内部环境,是由各种资源整合而形成的复杂系统,是人力资源管理的一项重要因素。通过人力资源规划,企业实现科学合理的人才选择、配置、调动,能够达到对人才的优化配置,提高人才利用效益,为企业战略目标的实现创造一种良性的发展氛围。

2. 确保组织在生存发展过程中对人力的需求

人力资源的结构与组织的生存和发展有着非常重要的联系。人力资源的规划在静态的条件下就并不是那么重要了。因为静态的组织不光意味着生产经营的范畴不会发生变化、采用的技术手段不会发生变化以及组织的管理模式也不会发生变化,还意味着在人力资源的数量方面、质量方面以及结构方面都不会发生变化。很显然,这就是不可能实现的,对于一种动态的组织来说,在人力资源方面,想要供给与需求得到平衡的发展,几乎是不可能自动实现的,故此,就要对供给与需求的差异进行研究与分析,并采用一定的手段,来对差异进行合理调整,这样看来,人力资源规划的基本职能为局势预测、调整供给与需求之间差异。

3. 组织管理的重要依据

在一个大型企业里,企业结构也比较复杂,人力资源规划的作用就会比较突出。不管是人员的配置上,还是需求上,不管是何种岗位以及人员的调整等等,都需要做详细的计划并加以规划,并且这些计划显然不是那么轻易实现的。优秀的人力资源规划可以给相关的工作提供背景和设置目标。比如说现阶段企业需要什么样的人员,需要多少相关的人员,在什么时候能确定上岗等等。又比如怎么合理地去避免一些企业内部人员晋升机会有差异的现象，多久组织一次新员工和老员工培训等。在成熟的人力资源规划下，这些工作不会出现虎头蛇尾的情况，极大概率地避免了一些混乱现象的发生。

第三节　人力资源的供求分析

一、人力资源供给及其影响因素

对于人力资源供给的理解，可以分为两种类型，一种是广义的理解，另一种则是狭义的理解，而广义的理解主要是指整个社会中的所有的劳动力，就比如无论哪个地区、什么行业、什么工作方式等等的劳动力供应。狭义的人力资源供给主要是指单个行业、单个地区以及单个企业等等的劳动力供给。人力资源供给受多种因素的影响，接下来就对工资与非工资因素展开讨论：

（1）首先从工资因素的影响进行讨论。通过调查研究发现，工资的多少是影响人力资源供应的直接因素，无论是从社会的角度来看，还是从单个企业、单个组织来说，都是这样的。从社会的角度来看，人力资源的供应主要被分配到了薪资待遇较高的行业中。如果只从单个企业的角度进行分析的话，薪资高低的影响就会更大。目前，我国正处在经济持续发展的过程中，属于发展中国家，对于一部分发达国家来说，我国的经济还处在一个相对落后的阶段上，从而对薪资待遇的影响也会很大。

（2）其次就是对非工资因素的影响进行分析，其主要包括两个部分，第一部分是工作因素，第二部分是劳动者自身的因素。工作因素主要包括工作环境、工作性质以及企业对劳动者的保护等等。在人们的印象中，大多数人都会选择一些名声较高、社会关注

度较高的职业,就比如教师、医生、律师等等。对于工作环境是否
恶劣、工作性质是否轻松等等都是大多数求职者首先考虑的因素。
自身因素对人力资源的影响也是非常明显的。

二、人力资源的供求平衡

人力资源供求平衡就是企业通过增员、减员和人员结构调整
等措施,使企业人力资源供求达到基本相等的状态。人力资源供
求平衡是企业人力资源规划的目的,人力资源需求预测和人力资
源供给预测都是围绕着人力资源供求平衡展开的。企业的人力资
源供求调整要考虑人力缺乏调整和人力过剩调整两方面的问题,
这两方面调整的常见方法如表3所示。

表3　人力资源供求平衡方法

人力缺乏调整方法	人力过剩调整方法
外部招聘	重新安置
内部招聘	永久性裁员
聘用临时工	降低人工成本
延长工作时间	
内部晋升	
继任计划	
技能培训	
拓宽工作范围	

(一)人力缺乏的调整方法

当企业的人力资源出现了供不应求的状态时,为了保证企业
人力资源供求的平衡,往往会采取以下措施。

1. 外部招聘

人力资源缺乏时,最常用的策略就是外部招聘。当企业中缺乏大量的人力资源,尤其是技术性和生产的一些职位时,用这种方法来进行解决是比较有效的。企业中会存在一些季节性的产品,这个时候就可以进行临时工的招聘。临时工的聘请在保证了企业生产的同时也为企业节省了开支,当生产不需要大量的人力时,可以随时把劳动关系停止。

2. 内部招聘

企业的内部招聘主要是指当企业某一些职位有空缺时,将内部的员工进行调整,来补足这些空缺,这种行为可以让员工的工作更加丰富,同时将员工的积极性以及兴趣提了起来,对员工以后的工作道路也有了一定的铺垫;除此之外,内部招聘让企业节省了招聘成本。并且这一方式,也能够将企业内部的计划进行有效的调整,企业职位有空缺时,人力资源部门可以将信息发布在企业内部,让内部员工进行踊跃报名,内部员工不够时再考虑进行外部招聘。

3. 延长工作时间

将工作时间进行延长,也就是常说的加班,员工加班可以减少企业的福利开支以及招聘成本,工作质量也能够得到保证。但是如果员工的加班时间过于长的话,工作质量肯定会有所降低,并且相关法律以及政策对员工的工作时间都是有明确规定的。

4. 内部晋升

当企业有较高阶层的岗位出现空缺需要人员时,可以选择企业内部提拔和外聘两种方法,一般企业会大概率通过企业内部擢升员工来补齐空缺。在大部分的企业里,内部提拔除了是对员工工作的肯定之外,也是对员工的正向激励,是员工的职业生涯规划当中重要的内容。内部晋升对企业而言,员工对企业更加熟悉,不需要花时间去适应工作环境,而外聘的人员则相反。员工的工作受到肯定,提高工作积极性的同时,也提高了工作效率。也有例外,比如当企业缺少生机或技术发生变革,市场发生重大变化时,不妨考虑外聘人员。

5. 继任计划

继任计划一般在国外比较盛行,它的做法与内部晋升相似却又不同,是人力资源部门对企业的管理人员进行一系列的普查,经研究后筛选出来可以晋升到更高岗位的员工,然后拟订相应的计划,列出可替换的人员。以上均属于企业机密。

(二)人力过剩的调整方法

要想合理地解决人员过剩出现的一些问题,可以从三个方面进行调整:第一,重新安置;第二,永久性裁员;第三,降低人工成本。下面主要介绍重新安置和降低人工成本两种方法。

1. 重新安置

重新安置就是指处理企业的内部人员出现过剩,安置多余员工的问题。当某一个岗位出现人员过多,但是另一个岗位出现人员缺乏的情况时,可以将多余的员工进行适当的安排。只不过,所安排的人员首先要具备新岗位所需要的能力以及技术。故此,重新安置就需要提前制订相关计划,然后将安排的人员进行培训。

2. 降低人工成本

所谓降低人工成本,主要包括暂时性地解雇一些员工、减少员工工作的时间(可以对一部分员工增加无薪假期)、减少员工工作所承担的责任以及降低工资标准等方式。以上主要是西方一些经济较为发达的国家、企业在处理人员过剩问题的方式,这些方式的优点在于:能提前预测是否会出现人员过剩的情况,并做好准备,这并不是单纯地将多余员工裁掉,而是给自己留下足够的缓冲余地,从而使员工与企业共同分担所出现的困难。如果某一位员工对于薪资待遇的降低不愿意接受,可以主动离职,这就避免了直接将其推向社会中,也可以更好地使员工的利益得到保障。

三、人力资源供求预测

(一)人力资源供求预测的含义、特点

1.人力资源需求预测的含义

人力资源需求预测特指对于组织未来某段时间需要的人力资源进行估算的活动,其包含了资源的数量、质量和结构。它由组织内的人力资源管理部门实施,受到组织的战略目标、组织结构、工作任务等各种因素的影响。

2.人力资源需求预测的特点

(1)科学性

预测一个组织的人力资源需求需要根据科学的程序,使用科学的方法和逻辑推理,对人力资源的未来发展进行科学的分析。它反映了人力资源开发的规律,因此它的科学性不容置疑。

(2)近似性

由于人力资源需求预测是一项旨在估计组织在未来一定时期内所需人力资源的数量、质量和结构的活动,并且事物总是会受到各种因素的影响,并在发展过程中不断变化,因此该预测只能描述尽可能接近未来的情况,人力资源需求的预测结果与未来发生的实际结果有一定的偏差,但它们非常近似。

(3)局限性

在预测人力资源需求的过程中,由于预测对象受各种外部因素的影响,因此具有很大的不确定性或随机性,这使得预测结果会

有一定的局限性,无法完整、真实地反映人力资源需求发展的面貌和性质。

(二)人力资源供求预测的方法

对于人力资源供求预测的方法一般可分为两种:主观判断法、定量分析预测法。人力资源需求预测常用的主观判断法为德尔斐(Delphi)法,而常用的定量分析预测法通常分为三种:工作负荷法、趋势分析法和多元回归法;供给预测常用的主观判断法通常分为两种,即人员替代法与人员继承法,而常用的定量分析预测法通常为马尔可夫分析法。

1.主观判断法

其成员由有经验的专家或人员组成,该方法的准确度全看预测者的个人经验和判断。当组织的规模尚处于小型时,通常可以利用这种方法取得满意的结果。但它的弊端也展露无遗,即过分依赖于预测者本身或其所在小组的经验、智力以及判断能力。随着组织的发展,其内外部环境势必日益复杂,管理方式也会日新月异,此时再凭个人或某个小组的经验已难以做出科学的判断。

(1)德尔斐法

德尔斐法是预测人力资源需求的一种直观方法。企业可以根据影响组织的内部因素的轻重来选择几名专家进行人力资源的需求预测。专家可以是组织的成员,也可以是组织之外的人。首先组织需要将想要商榷的问题传达给专家,需保证传达的内容涵盖全面,且意义十分明确,请专家予以书面形式的回答;并在多个专家互不串通,互不知晓其他人回答内容的情况下回答问题;之后集中他们的意见进行整理、归纳;最后反馈回去让他们重新考虑,这可以使得专家们有机会更改自己的回答并阐述修改原因,从而得出修改结果。

（2）人员替代法

此方法用于人力资源的内部供给预测。人员替代法的基本原则是，每个工作职位都被视为一个潜在的空缺，所有从事该工作的人都是潜在的供给者。这种方法的预测是基于员工的表现。当某一特定员工的表现低于平均水平时，组织会辞退或调离该员工；当一个员工的表现远高于平均水平时，他会被提拔到他的上级的位置，其原本的工作内容会被下属取代，无论是辞退、调离还是提拔都会导致职位空缺，也给人力资源的规划提供了依据。

（3）人员继承法

人员继承法用于人力资源的内部供给预测，实际上是人员替代法的发展，两者本质上没有什么差异，所不同的是前者较后者预测的时间更长、更为灵活。职位候选人不一定是来自本单位或本部门，其工作绩效不一定最佳，但他却具备用于该工作的能力或潜力。他可由组织来指定"继承"某个特定的职位。两者之间的差异见表4。

表4 人员替代法与人员继承法的差异

比较因素	人员替代法	人员继承法
时间	0~12月	12~36月
拟晋升者	绩效最佳的候选人	最有潜力的候选人
计划的重点	发现本单位或本部门的继承人	发现能胜任各种职位的人才
行动计划	非正式的报告	每个人均有各自的计划和目标
灵活性	受限于人力资源规划，实际操作灵活性较大	人力资源规划本身比较灵活，更多考虑员工多方面的发展
所必需的经验	每个管理者必须具备本职工作经验和人事管理经验	管理者们共同讨论后再做决策，个人不必具备各方面的经验

续表4

比较因素	人员替代法	人员继承法
候选人的评估	观察候选人在工作一段时间后的绩效	评估候选人各方面的工作能力

2. 定量分析预测法

定量分析预测法就是以统计学为基础方式进行预测与分析。

（1）工作负荷法

工作负荷法主要适用于人力资源中的需求预测。通俗来讲就是按照历史数据，首先确定某个特定的时间段中每人每天的工作量，再根据未来所设计的生产目标以及生产计划，就能计算出能够完成的总量，然后根据前一标准测算出所需的人力资源数量。

（2）趋势分析法

这种方式是一种较为简单的方式，这就需要进行预测的人员首先要确定人力资源的数量和结构与哪一种因素的关系最紧密。再找出在过去员工数量与这一因素的变化趋势，通过这种方式，就能预测出将来的趋势和在人力资源管理中的需求量以及需求结构。

（3）多元回归法

多元回归法与趋势分析法之间具有重要的区别，它是一个利用事件来进行预测的方法，并不是把产量和时间都融入到事件预期之中，也没有同时把其视为自变量和因变量，各种影响因素才被视为了不同自变量，而是利用事件之间的不同关系，同时利用了多种自变量，并对因变量进行了预期。

（4）马尔可夫分析法

马尔可夫分析法，将"根据过去的人力资源变化进行研究，分析其变化的规律，以分析结构为基础，来预测人力资源在未来的变化趋势。"企业内部的广大职工会在企业内部与外部进行流失与变化，马尔可夫则表示，企业内部员工的流动性无论是过去还是将来都是必然出现的，通俗来说，就是指在某一时间段里，从某一状态转移到另一状态的人数与以前比较大体相同，这个比值即为转移率。

3. 影响组织外部人力资源供给预测的因素

（1）本地区

人力资源的质量和数量都是由人力资源的总体构成所决定的；外地人才会受到较高的经济发展水平所吸引；外部人力资源的供给质量也深受教育水平的影响；相同行业中，当地的物价指数以及劳动力的平均价格也是重要影响因素；人力资源的工作价值观以及在选择职业时的模式以及心态；优越的地理位置，更能吸引到外部人力资源。

（2）全国

人力资源在全国范围内的增长趋势以及全国对各类人才的需求，从而产生了影响外部人力资源供给预测的多种因素，比如说国家的劳动法规、教育状况以及事业状况等，都带来了前所未有的影响。

（三）人力资源供应控制

1. 企业外部影响力

通过什么方式来改变外部环境对企业内部人力资源管理的影响？首先，要有时刻的准备以及规划，根据会出现的一些情况，制定出相关的应对方式，做到有备无患，这样才能帮助企业健康发展。但中国现在的市场上依旧有一些技术较为缺乏、素质不高的人员，这就导致与市场供应关系不合理、不协调。一方面主要因为企业需要高技术、高素质的技术性人才，另一方面是求职者的人数

庞大,需求和供应不匹配。企业招聘能否顺利进行的关键因素主要包括以下几个方面:

(1)求职者的人数总量;

(2)求职者的个人经历、家庭背景等相关因素;

(3)求职者的兴趣与爱好;

(4)薪资待遇方面;

(5)在人力资源中的竞争力。

2. 企业内部影响力

除了一些外部因素能够影响到人力资源,企业的内部环境也会对人力资源造成影响。企业内部为了避免出现人才流失等情况,就必须对出现此类情况的原因进行讨论与分析。导致出现人才流失的原因主要可以分为两种,第一种就是企业员工受到企业外部环境的吸引,这就形成了一种"拉力",所谓"拉力"就会使广大员工跳槽到其他企业,以求得薪资待遇更高、环境更好的工作。第二种就是企业内部产生的一种"推力",而"推力"就是指当企业对于人力资源没有合理计划时,就会出现人力资源过剩,甚至是缺失等问题,从而造成广大员工心理压力过大,迫使员工出现离职的情况,这就是所说的"推力"。对于上述所描述的问题,要想彻底消除这种情况,就需要企业的人力资源部门相互配合,相互帮助。故此,招聘工作的顺利进行,与人力资源管理部门的措施有着密切的联系。

第四节　人力资源规划的需求分析

一、人力资源规划需求预测分析

（一）人力资源需求预测概述

（1）目的

人力资源需求预测是为了实现组织战略目标而对未来所需员工数量和质量进行预测，从而确定人员补充计划、培训开发方案等。人力资源需求预测是编制人力资源规划的前提和基础。

（2）影响因素

人力资源需求预测应以组织战略目标、任务等为依据，在收集大量信息的基础上，综合考虑各种因素，科学地对人力资源未来需求做出预测。影响人力资源需求的因素有很多，具体包括：

1）市场或客户对企业产品和服务的需求；

2）人员流动比值；

3）人员的质量或性质；

4）与提高产品或服务质量，或进入新市场有关的决定；

5）促进生产力提高的管理方面或技术方面的变化。

（二）人力资源需求的调查

就人力资源需求预测而言，第一步工作在于调查人力需求的现状。如果企业已经有完备的工作分析资料，人力资源的需求就已具备了初步的基础，此外，企业还需要对组织的生产技术及前景做出深入的分析。需求调查不但可以为人力资源规划提供参考，也是组织内部分析人力资源工作的基础。人力资源的需求调查应包括以下项目：

（1）此工作是否为企业运作所必需

由于组织行为的"惰性"，我们经常可以发现不但某些工作活动，甚至某些职务的设置都不再切合实际，或不能产生实际效益。对某职务是否为企业动作所必需做出分析，可以避免在预测需求时计入"冗余"职位的人员需求。

（2）从事这一工作的工作人员数量是否合理

这一调查不但能提供组织内可能存在的冗员问题，而且当从事某项工作的员工太少，加班期过长，临时工过多时，都会显示出人员配置不当。需求预测必须考虑改变这类不合理的配置数量或比例。上述两项分析通常采用零基预测法来进行。

（3）现有工作人员是否具备必要的技能和知识

这一点对组织中的专业人员或生产技术变化较大的企业是十分重要的。现有人员的技能是否已存在落伍或不足的问题，未来新聘人员或升迁人员是否需要增加专业培训或经验的要求？这都应在需求预测中得到反映。

（4）现有或未来可能的新投资对生产力、劳动力成本的影响如何

凡是新增投资，如新设工厂、扩充生产规模、更新生产程序等都可能涉及新技术的引进或劳动与资本比例的改变（由劳动密集型向接近资本密集型的生产方式转变），因而劳动生产率会有所变化。而企业雇用的人员数量及性质也会因此有所改变，劳动成本无论是绝对数还是相对数（与资本等生产要素相比）也将不同。这一切对人员需求的预测都会产生重要的影响。

（5）本组织劳动生产率的变化与一般技术发展的趋势如何

劳动生产率在过去一段时间的变动方向与模式，如递增、不变或递减，以及本行业生产技术发展的一般趋势都会对未来人员需

求的预测产生重要影响。

(三)人力资源需求预测的类型

因为预测时间的长短和人力资源需求预测的相关工作及内容有差异,可以将人力资源需求预测的内容及相关工作根据预测时间的长短分为以下三种。

(1)短期预测。一般为一年以内的需求预测,通常会根据现存或后期的人力资源的成本进行预算,即在成本的预算基础上,综合判断现存的人力资源的数量,预计未来可能离职的人数与补充人员的多少。短期预测或是半年到两年之间的计划时间内,与新聘员工、培训计划相关的内容仅仅能做出局限的或战术性的调整,而很难有根本性的变化。因此,根据短期预测所采用的方法通常为外包、加班、新聘、裁员、晋升和调职等。

(2)中期预测。通常情况下中期的人力资源预测为一年到三年期,会根据组织的财务计划,即愿意花费的未来预算而定。在这一资源限制条件下,评估可以对现有员工以及可完成的对新进或升迁员工的培训等内容。在中期,能够采用的措施不仅仅局限于对于局部的调整,同时也可以进行某些战略性的人力资源活动,例如长期性的聘用计划、培训计划以及改善人员流动性的方案等。

(3)长期预测。"人无远虑,必有近忧",人力资源的规划在企业之中是一个长期的规划,甚至其可以应对企业未来五年的所有变化。对于长期预测的这一特性,人力资源的规划会触及的可变因素数不胜数,当我们的人事部门相关员工在进行人力资源的长期预测时,要想更直观地将企业所处的环境变化完全剖析并做出对应的人力资源结构优化,毫无疑问不是一件简单的事情。因此在日常企业运行当中,人事部门多会使用一种特有方法。举个例子来说,在如今无时无刻不在产生变化的市场条件之下,技术革新与生产力随时会产生翻天覆地的改变,这种改变迫使我们企业之下的员工的工作水平还有人力资源的数量发生不确定的波动,但由于这种变化的频繁以及大小不确定性对我们人力资源产生的效果也是或大或小的,因此在进行长期预测的时候我们必须要将企业所处的市场进行细致研究,其研究内容包括但不限于:高速发展的技术在未来会变成何种程度、未来市场的竞争环境是否对于本企业是友好的以及为适应各种不确定的状况在以后调整人力资源时人力资源的成本是否会上升。种种经验表明,对于未来市场做出的长期预测的可靠性随着预测时长的增加越发不稳定。然而这不意味着基于长远时间做出的预测是没有意义的,在前人不断使用多种方式进行的尝试和预测之下,预测的结果对于一个企业未来发展的作用还是不容忽视的。现在,在拥有高精尖素质人才的大型企业以及我们的政府部门已经将人力资源的长期预测应用于相关政策以及员工的数量质量的调整。

(四)影响人力资源需求预测的因素

人力资源的预测并不是人事部门随意对着变化的市场简单做出评估,需要的是将我们企业的生产的核心目的、进步的大致方向和运作的实时指标综合考量,接下来及时地对这些因素考量结果做出人力资源的对应改变。因此我们可以获得这样一个结论:一个企业在自身存活发展过程中所应对的变化与在进行人力资源预测时所应对的是一致的。综上所述,结合或内或外、主体的不同,大致有企业外部环境因素、企业发展战略以及人力资源自身素质三类可以作用于人力资源需求的预测效果。

1. 企业外部环境因素

市场经济是否繁荣直接对一个企业的员工结构提出了条件,这种繁荣程度的指标一般指的是大环境之下国家经济的活跃程度以及经济体制到了何种阶段。时代的经济发展水平的变迁使人们的精神与物质需求也不断发生着变化。为了适应这种变化企业也需要不断调整自身的员工结构。不仅是经济上的原因,社会的改革、政治方面的因素以及国家法律的修订对企业也总是提出着新的要求。同时,生产力的突飞猛进也是会直接刺激企业之下的员工数量。

2. 企业发展战略

处于一个竞争的大环境,一个企业总需要确立一个前进的目标来使企业上下的所有员工致力于共同发展,我们一般称这个共同目标为企业发展战略。它对一个企业要在何种方向之上前进,要以怎么样的速度前进,要以什么样的规模前进做出要求,这些问题直接关系到了企业对于自身人力资源的获取。在企业的生产与销售计划之下,对应的生产与销售人员会理所应当地发生变化。当企业进行规模的扩大时,也就是进行业务或者是公司占地面积的扩大也会自然而然致使相关人员的需求上升。企业整改带来的部门调整,例如部门合并、新建或者取消也会影响着原来员工的去留。除这些以外,企业之前的经济储备也是影响人员需求的重要因素。经济储备丰富才有足够的物质条件作为支撑招募足够的员工,同时也可以给予员工较高的物质奖励,以此吸引更高素质的人才。反之,不仅高素质的人才难以吸引,基本的员工保留也很困难。由此观之,企业的经济储备会直接影响员工质量和数量。

3. 人力资源自身素质

企业员工基于自我因素的去留也会导致人力资源的需求改变。其包括员工年龄的增长带来的不可避免的退休、出于自身考量的跳槽、天灾人祸招致的生老病死,这些因素都会使企业的员工位置出现空缺,继而要求企业做出对应调整。

人力资源的需求预测,分为以下四步:

步骤一,现实人力资源需求预测。

步骤二,未来人力资源需求预测。

步骤三,未来人力资源流失情况预测。

步骤四,得到结果。

(五)人力资源需求预测的方法

人力资源规划的顺利进行,离不开人力资源需求预测的科学性、合理性,在制订人力资源计划前首先要对企业的实际情况进行考察,以企业内部环境、外部环境以及实现生产所需要的数量、质量以及结构等相关因素为基础,所制订的计划才更加合理,实践起来才更加顺利。

1. 德尔斐法

德尔斐法也叫专家预测法或集体预测法,是指收集有关专家对组织某一方面发展的观点或意见并加以调整分析的方法。德尔斐法一般采取匿名问卷调查的方式,通过综合专家们各自的意见来预测组织未来人力资源需求量。专家可以来自组织内部,如组织的高层管理人员或者各部门具体的管理人员,也可以聘请组织外部的专家。其具体过程可分为四个步骤,如图 3 所示。

德尔斐法的特点是:组织专家参与预测,充分利用专家的经验、学识;采用匿名或背靠背的方式,能使每一位专家独立自主地做出自己的判断;预测过程经过几轮反馈,使专家的意见逐渐趋同。由于这种预测方法是在专家不会受到他人烦扰的情况下做出的判断,并能够综合考虑到社会环境、组织发展战略和人员流动等因素对组织人力资源规划的影响,因此具有很强的操作性,在实践中被广泛地运用到人力资源规划中。

但是这种方法也存在不足之处,也就是预测结果具有强烈的主观性和模糊性,无法为组织制定准确的人力资源规划政策提供

图 3　德尔斐法的四个步骤

详细可靠的数据信息。

此外,在使用德尔斐法时还应注意以下原则:

①挑选有代表性的专家,并且为专家提供充分的信息材料。

②所提的问题应当词义表达准确,不会引发歧义,应当是专家能够回答的问题,在问卷设计时不提无关的问题。

③在进行统计分析时,应当视专家的权威性不同而区别对待不同的问题,不能一概而论。

④在预测前争取对专家进行必要的培训,了解该预测的背景及意义,使专家对预测中涉及的各种概念和指标理解一致,尽量避免专家在预测中出现倾向性选择信息和冒险心理效应。

2. 微观集成法

微观集成法是一种主观的预测方法,是指根据有关管理人员的经验,结合本企业的特点,对企业员工需求加以预测的方法。这种方法主要采用"自下而上"和"自上而下"两种方式。"自下而上"的方式是从组织的最底层开始预测人员需求,由组织内各部门的管理者根据本部门的工作负荷及业务发展,对本部门未来某种人员的需求量做出预测,然后向上级主管提出用人需求和建议。组织的人力资源部门根据各部门的需求进行横向和纵向的汇总,再结合组织的经营战略形成总体预测方案。"自上而下"的预测方式则是由组织的决策者先拟订组织的总体用人目标和计划,然后由各级部门再自行确定所需人员计划。

这两种方式还可以结合起来同时运用,即组织先提出员工需求的指导性建议,再由各部门按照该要求,逐级下达到基层,确定具体用人需求;同时,由人力资源部门汇总后根据组织的战略目标确定总体用人需求,将最后形成的员工需求预测交由组织决策者审批,形成组织的人力资源需求规划方案。此法适用于短期预测和生产情况比较稳定的组织。

3. 工作研究法

工作研究法是通过工作研究计算完成某项工作或生产某件产品的工时定额和劳动定额,并考虑预测期内的变动因素,以此来进行组织员工需求预测。即根据具体岗位的工作内容和职责范围,确定适岗人员的工作量,再得出总人数。此法易于实施,适用于结构比较简单、职责比较清晰的组织。

4. 现状规划法

现状规划法是最简单的预测方法,是指在假定组织的生产规模和生产技术不变,且人力资源的配备比例和人员数量完全能够适应预测期内人力资源需求的情况下,对组织人员晋升、降职、退休、辞职、重病等情况的预测。根据历史资料的统计和分析比例,预测上述人员的数量,再调动人员或招聘人员弥补岗位空缺。该方法易于操作,适合组织中短期的人力资源预测,适用于特别稳定、技术规模不变的组织。现状规划法的计算公式是:

人力资源需求量=退休人员数+辞退、辞职、重病人员数

第五节 人力资源规划的编制与执行

一、人力资源规划

人力资源的规划并不是循规蹈矩的,根据其规划时长的不同以及基准的区别可以分类开来。首先根据要规划的时长或者期限来讲,人力资源规划就有短期、中期、长期的区别。其中短期指的是一年以内企业对于市场竞争环境要做出的人力资源的调整,以此类推还有对此规划一年至五年的中期规划和五年及五年以上的长期规划。其实这里强调的是,人力资源的规划期限是随着企业自身的需求做出相应调整的。

除此之外还有根据各类员工本身的职能差异,人力资源规划又可分为两个不同的等级:处于基础等级的业务规划以及意在统筹全局的总体规划。在下文之中,笔者将对这两类划分进行详细的讲解。

(一)人力资源总体规划

正如上文所论述的,总体规划的主要目的是对企业全局进行合理的统筹兼顾,其包括了人力资源方面的财务预算、质量数量的改动,为了达到这种目标,需要从以下方面进行切入。

1. 阐述组织人力资源配置的总体框架

为了应对市场环境变化,我们要根据企业所制订的规划将人力资源结构配置进行整理,以此进行后续对策与调整。

(1)需求规划。所谓需求规划是根据未来发展的计划评估本企业职员的数量、质量需求进而对人员的增减、培训做出计划。事实上,预测未来企业人力资源的净需求因其方法的高创造性的要求以及预先评测本身具有的不确定性让其成为人力资源规划之中的核心。

(2)供给规划。常见的供给规划手段有外部招聘以及内部晋升,它是一种依托人力资源需求和供给对企业员工做出平衡的针对性方法。其还包括向社会发出招聘的计划、部门人员升职计划以及员工职业合理调整等。

2. 阐明与人力资源管理方面有关的重要方针、政策和原则

身处于时刻可能发生天翻地覆变化的市场,企业通过及时对人力资源的政策进行调整,得以在其中不断发展。在制订人力资源的规划时,要充分确定其规划是否与企业发展方向以及范围等相一致,人力资源规划的手段主要有适时对员工培训、考评绩效、设置奖惩等。

(二)人力资源业务规划

人力资源业务规划,是人力资源总体规划的派生计划和具体实施,也是人力资源管理具体业务的部署,它往往有其特定的目标和任务,并与专门的人力资源政策措施有关,是组织各项人力资源管理活动的依据。

1. 人员配置规划

人员配置规划的编制要根据组织的发展规划,结合组织人力资源盘点报告来进行。人员配置规划阐述了组织每个职务的人员数量、人员职务的变动、职务空缺数量的补充办法,目的是描述组织未来的人员数量和素质构成,因此,人员配置规划制订要结合职务分析报告进行。职务分析报告阐述了组织的结构、职务设置、职务描述和职务资格等内容,目的是描述组织未来的人力资源发展需要、规模和模式。

2. 人员使用规划

人员使用规划就是对人员的安置和调配规划。使用规划的目标包括部门的编制、人力资源结构的优化以及绩效的改善、岗位轮换的幅度等。使用规划的政策包括确定任职条件、岗位轮换的范围和时间等,使用规划的预算是按使用规模、类别以及人员状况决定的薪资预算。

3. 人员补充规划

补充规划的目的是合理填补组织中长期内可能产生的职位空缺。补充规划与晋升规划是密切相关的。由于晋升规划的影响,组织内的职位空缺逐级向下移动,最终积累在较低层次的人员需求上,这也说明,低层次人员的吸收录用,必须考虑若干年后的使用问题。人员补充规划的目标涉及人员的类型、数量、对人力资源结构及绩效的改善等。人员补充规划的政策包括人员的标准、人员的来源、人员的起点待遇等。人员补充规划的步骤就是从制定补充人员标准到招聘、甄选和录用等一系列工作的安排,预算则是组织将用于人员获取的总体费用。

4. 人员晋升规划

企业中组织层面的晋升政策本身是晋升规划的具体表现。人力资源管理的一个核心效能是对表现优异的员工进行职务的升级,让有能力的人出现在他该出现的地方。保证人才数量、对员工结构优化、消除企业内耗往往是企业进行晋升规划的初心,并且用指标来表现晋升的资质与水平、晋升的年限和比重。

5. 培训开发规划

企业为使很长时间都会空缺的职位得以及时补充,常常使用培训开发规划的方法。同时为了防止培训的效果低迷,作为组织者我们可以试着将人员补充规划、人员晋升规划、培训开发规划进行有效的融合。其旨在提高员工的综合素质、稳步提高相关员工的绩效、推崇企业的文化氛围等,另外,人力资源管理部门的相关组织者应当将终身教育的理念寓于员工发展之中,做好培训时长的合理设置和相关待遇的保证,同时还需要考虑将对员工投入的各种费用纳入企业的预算。

6. 劳动关系规划

企业员工具有不确定性,如不满待遇的离职、与管理不合的冲突以及各种非工作内容累积的不满致使的投诉等都需要劳动关系规划的内容来进行调节。奖励提出对团队运行有好处的政策的员工所需要的物质对企业预算也提出了新的要求。劳动关系规划的预算包括用于鼓励员工团队活动的费用支持、用于开发管理沟通的费用支出、有关的奖励基金以及法律诉讼费用等。

7. 退休与解聘规划

退休与解聘规划是为了解决员工工龄达到退休,人力成本提高的问题,并以此来达到保持劳动生产率长期处于一个高水平的状态。与此规划相关的对策是在退休和二次招募的相关事项中进行合适的辞退程序。涉及的预算包括安置费、人员重置费、返聘津贴等。

二、人力资源规划编制的一般步骤

人力资源的规划是根据人力资源的供需预测对企业员工做出的种种对策。其主要是按照以下的步骤依次进行:一是根据对市场环境调研提出大致规划的框架;二是依照大致规划的框架选其相关的业务进行细致的补充;三是根据以上所有做出规划的经费做出预算;四是在实际执行过程中视情况及时补充以及改良。具体步骤如下:

（一）编制职务计划

编制职务计划的目的就是描绘出人力资源发展的需求、发展模式以及发展规模。

（二）编制人员配置计划

编制人员的配置计划，其主要目的就是描绘出企业未来人力资源方面所需要的数量以及人力资源管理的结构。

（三）编制人员需求计划

编制人员需求的计划，计划中应阐明所需员工的职务名称、所需员工的数量以及希望上岗的时间等。预测组织人力资源需求，是在整个人力资源规划中最重要并且是最复杂的。

（四）编制人员供给计划

编制人员供给计划包括招录计划、内部职员的晋升等等，目的是稳定供给和需求的关系。

（五）编制人员培训计划

为了使员工可以对工作岗位有更好的理解，首先要进行的就是对将要上岗的员工进行岗前培训，制订好详细的岗前培训计划，其岗前培训计划主要包括：所培训的内容，培训的方式方法，培训的时间、地点以及培训结束时的考核内容等。

（六）编制费用预算计划

将企业在人力资源上的成本进行降低，并且将投入和产出的比例进行提高，就需要对人力资源所需要的费用进行管理。对人力资源的规划来说,编制人员的费用预算计划是尤为重要的一个内容。实际工作的开展过程中,所涉及的人工费用有很多,比如说对员工进行奖励、培训、调配以及退休解聘和招聘等,都是会产生一定的费用的。

(七)编制人力资源政策调整计划

要想在组织发展的需要中融入人力资源管理工作,就必须实施编制人力资源政策调整计划。这一调整计划的实施,要将调整的原因、步骤和范围进行阐明。员工的薪酬福利、绩效考评、培训以及招聘等政策都是包含于其中的。

三、人力资源规划的执行

(一)人力资源规划的执行主体

按照企业传统的管理来说,人力资源管理是负责人力资源规划工作的主要部门,时代的不断发展,给人力资源部门的工作提出了新的要求,也使得人力资源部门在角色上发生着改变,它所蕴含的职能不再是简单的行政管理,而更倾向于转变为企业的战略合作伙伴。与此同时,人力资源管理的责任不仅仅是这一部门所承担的,企业中各阶层的管理者都是有责任的。企业在进行人力资源规划时,需要各个部门协同合作来进行推动,而不是单单依靠负责规划的部门。

人力资源规划的执行是企业各级管理者共同的责任,其承担者如图4所示:

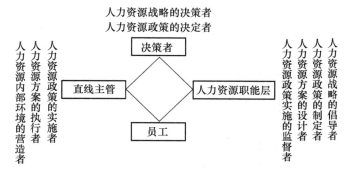

图 4　人力资源规划执行的承担者

（二）人力资源规划执行的步骤

1. 实施

实施人力资源规划的时候要严格按照规划内容逐步地进行，禁止肆意修改实施内容，并且在实施之前要做好一切准备工作，统筹兼顾，多方面共同协作努力贯彻落实人力资源规划。

2. 检查

人力资源规划的实施过程中离不开检查，如果没有检查机构，那人力资源规划的实施就是一句空话，表面实施，实际偷懒，不仅拖慢进度，还浪费金钱和时间。负责检查的人最好是实施者的领导人，当然也可以是平级的工作人员，但绝对不能是实施者本人或者实施者的下属，因为检查人员地位低，会导致检查毫无实际意义，依旧是个走过场的表面行为。

在进行检查工作之前，要明确检查的内容和对象，罗列好检查提纲。检查工作进行的时候，检查人员要参考提纲，逐条逐句地进行检查，禁止草草了事。检查工作完成之后，检查人员要切实地反映自己的检查结果，及时和实施者交流沟通，有助于人力资源规划的贯彻落实,也对实施者提出表扬或者警告,激励实施者更好地工作。

3. 反馈

在人力资源规划实施的过程中,反馈是必不可少的一个环节,经过该环节之后,能够准确找到人力资源规划的不足,哪个部分不符合实际情况,哪个地方存在很多缺点,哪里需要改进完善,哪些环节对未来的发展有值得借鉴的地方等等,这些内容都可以帮助企业及时掌握人力资源规划的重点和目标。

4. 修正

人力资源规划的最后一个环节是修正,即对某些不适应当前环境的环节进行改进。具体是企业在接收到人力资源规划的反馈后,根据实际的情况,及时将原规划中不适合的内容进行修正,让修正后的规划更加符合企业的实际情况,也更能促进企业的发展。但在进行修正工作的时候,要注意一个关键问题,就是修正的内容是不是涉及很多方面。如果涉及的方面比较小,只是规划中很小的一部分或者小项目,那就不需要向上级提起申请,避免增加时间的投入;如果涉及的方面非常大,甚至需要对预算投入进行很大的修改,这就需要最高管理层的决策,只有最高管理层同意之后才可以完成修正环节。

第四章　人力资源的招募与录用

第一节　人力资源的招聘与甄选

一、人力资源的招聘

(一)人力资源招聘的概念

企业中难免会有职位空缺,通过对一些相关的信息不断搜集、筛选,然后做出最终的决定,利用一定的方法将一些有能力的,与空缺职位相匹配的人吸纳到企业中,这就是招聘的主要流程。

(二)人力资源招聘的作用

人力资源规划、招聘与配置、培训与开发、绩效管理、薪酬福利和劳动关系六大模块共同构成了整个人力资源管理体系,每个模块不可或缺且相互影响,其中招聘工作对整个人力资源管理工作有着举足轻重的影响。

1. 招聘规划是人力资源规划的主要内容。人力资源规划——企业在一定时期内的人力资源供给和需求预测,是人力资源管理中的重要组成部分,其中招聘规划是人力资源规划的主要内容,因此,招聘工作的成败直接决定人力资源规划的成败。

2. 招聘是否科学直接体现企业的公平、公正。招聘——意味着相应职位的人才空缺,对于企业内部员工、外部潜在的应聘者而言,都是一个"机会"。如果招聘工作没有做到"科学"地选拔人才,那么这种"机会"均等就不可能实现,不论对内部员工还是外部的潜在应聘者都是不公平、不公正的。这可以在一定程度上反映企业的核心价值观。

3.招聘的成败直接影响培训与开发、绩效管理工作能达到的高度。培训与开发、绩效管理是招聘工作在人力资源管理过程中的延续;俗话说,"巧妇难为无米之炊",如果招聘过程中没有把好人才选拔这个关口,那么培训工作的成效肯定会大打折扣,绩效管理不论采取何种先进的工具,都难以达到其最根本的目标,那就是绩效的提高。

4.招聘直接影响企业的用工成本与用工风险。大部分的劳资纠纷都是发生在解雇与裁员过程中,而解雇与裁员的原因有相当一部分是由于选拔了不恰当的人选,也就是人和岗位不匹配或人和企业不匹配,因此,避免劳资纠纷的真正源头应该是在招聘中。此外,解雇与裁员意味着新员工的再次招聘,又增加了人力资源的获取成本。因此,招聘对企业的用工成本和用工风险有着直接甚至是根本性的影响。

5.招聘影响企业文化。整合企业的灵魂在于企业文化,企业文化的整合关键在于企业员工的"同质性",而这种"同质性"关键在于招聘时的把关,也就是人企匹配。企业员工的"同质性"不是加减的关系,而是乘除关系,与"酒与污水定律"是一致的:一杯酒水倒入一缸污水中,还是一缸污水;一杯污水倒入一缸酒水中,最后还是一缸污水。因此,招聘工作对企业文化的影响是源头性的。

二、人力资源招募计划

企业在不同情况下对人力需求进行分析,保障企业的人力资源充足,这样才能够实现组织短期或者是长期的目标,这就是人力资源招募计划的主要目的。对现有的人力资源数量和质量进行预估，并且对未来人力资源的需求与供给进行预测，这是人力资源招募计划的主要内容。人力资源招募计划的实施，使得组织对员工的技能需求和对组织未来的发展有了更加充分的了解，也给人力资源招募工作的开展提供了更多的便利。

（一）人员需求预测

组织对未来所需要的人员数量以及对所需人员具备技能的要求能够得到一定的满足，这就是人员需求。外部以及内部的诸多因素，都会影响到组织对人力资源需求的大小。对组织人员需求产生影响的因素，可以从以下几个方面进行分析：

其一，整体的经济环境。不管是地区、国家还是全球，它们的经济环境都会给具体的组织管理、经营状况带来直接的影响，对人员的需求随着经济的不断发展而逐渐增加，同时，如果经济有所衰退或者是遇到了危机，那么也就大大降低对人员的需求，因此失业率也会有大幅度的上升。

其二，政治以及社会压力。政治以及社会压力主要来自社会的公共部门，这是影响人员需求的主要因素。失业保险、社会保障以及社会治安等社会问题，都可能会是失业人数的剧增引起的，所以，公共部门对自己的减员或者增员计划需要进行慎重的考虑。

其三，对技术进行改进。组织对人员的需求数量和需求结构会因为技术的革新以及新科技成果的转化而产生变化。比如说，随着计算机网络技术的推广和普及，也让公共部门对管理技术型人才的需求有所增加，同时，一些可以被计算机替代的人力就会因此而减少。

其四，组织政策。影响人员需求的主要因素就是组织的职能目标有所转变。比如说政府在职能上从微观管理转变为宏观调控,全面干预转变为全面服务,使得国家机关人员有了大幅度的减少。国家事业单位原来都是政府所包办或者是进行辅助的,现在逐渐转变为自谋生路以及社会化的中介组织,这样对人员结构的要求会有所改变,并且对人员数量的需求也会大大减少。除此之外,人员的需求还会受到管理方式的变革和组织文化的影响。比如说,组织传统的集中性管理,转变为分权管理,这样对管理层人员的需求就会受到影响。

(二)人员供给预测

人员的供给分为内部供给和外部供给两方面。

1. 内部供给

当组织内部现有任职人员补充人员空缺需求时,我们称之为内部供给。对组织内部供给进行预测,通常需要做以下几方面工作:

第一,了解组织内部人员状况,包括年龄、级别、学历、经历、技能、绩效等,这些信息可以通过人事档案来获取。了解内部人员的这些特征,就可推算出未来人员的自然退职数目,进而了解职位空缺数。同时,还可以知道组织内哪些人员可以顶替空缺。

第二,建立职位置换卡。也就是将每个职位都编写成一张卡片,标明哪些人可能适合这个职位,并指出这些人目前的绩效水准、晋升的可能性,以及所需的训练。这样,在组织出现职位空缺时就可以通过职位置换卡找出合适的人选,若无合适人选再考虑外部招募。

第三,计算组织的人员变动率。在分析内部供给时,不可避免地牵涉人员的变动率,因为这不但关系到组织内部的人员供给和职位空缺状况,还关系到组织内部的管理是否合理的问题。

利用组织现有人员作为人力需求的供给源有多种优势:一是

组织现有人员对组织的运作机制和组织文化有很好的了解和适应;二是组织对现有人员的各方面情况有一定的了解,能够选到比较恰当的人选;三是对组织内部人员进行提升,对其他人员有激励作用。

2. 外部供给

在组织内部供给不能满足组织需求时,就需要考虑从组织外部招募人才。外部人员供给的分析,需要考虑以下因素:

第一,人口因素。人口因素的变化直接影响着劳动力的外部供给:一是国家和地区人口数量的多寡影响到人员的外部供给。在人口密度大的国家、地区,人员的外部供给就相对充裕;反之则比较紧缺。二是新进入就业队伍的年轻人人数的变化影响到人员的外部供给。

第二,经济因素。社会经济发展得景气与否,直接影响到失业率的高低,进而影响到人员外部供给的紧缺程度。另外,地区间经济发展的差异,也会影响到人员的外部供给。在我国东部沿海经济发达地区,劳动力供给就相对紧缺,而在西部经济落后地区,劳动力供给就相对过剩。当然,也可能出现结构性的紧缺。

第三,政策因素。一个国家和地区的管理政策、法规,对外部人员的供给有着重要影响,如我国的户籍管理政策对人口的跨地区流动有一定的限制,这样就影响到地区间的人员供给。另外如平等就业法规、妇女儿童权益保护法、工作时间规定等都对人员的外部供给产生一定的影响。

总之,人力资源招募计划是人力资源管理的重要环节,它关系到对外部环境的前瞻性分析和现有人员的潜能开发。成功的人力资源招募计划能把握现有及未来劳动力构成的可能性,并预测相应成本,是组织人力资源管理战略运作的重要桥梁。

三、人力资源招聘的方法

人员招聘的方法很多,究竟采用哪种方法要视成本和效益而定。一般而言,根据招聘对象的来源可分为内部招聘和外部招聘。

(一)内部招聘

1. 内部招聘对象的主要来源

(1)提升。提升是指从组织内部提拔符合条件的人员填补职位空缺。一般而言,提升是有计划的,在提升之前会对候选人进行甄选评价,最后由上级主管部门确定提升与否。内部提升的优点是可以激发部门成员奋发向上,为部门成员提供发展的机会,而且省时、省力、省费用;缺点是选择范围小,自我封闭,组织缺乏活力。

(2)调用。内部调用包括工作调换和工作轮换。工作调换是指职务等级不发生变化,工作岗位发生变化,它可为员工提供从事多种相关工作的机会并为提升做好准备,这种方式一般适用于中高层的管理人员。工作轮换多用于一般的员工的培养上,时间较短,可以使员工积累各方面的经验,也可减少长期从事某项工作所带来的枯燥乏味感。内部调用的优点是有助于增加员工的工作经验和新鲜感;缺点与内部提升相似,处理不当可能影响员工的工作积极性。

(3)公开招聘。内部公开招聘即在本部门或本单位范围内进行公开招聘,将职位空缺的信息和要求张贴在布告栏内,凡认为自己合适的人都可以报名。这种方法提供了招聘部门内公平竞争的机会,有利于调动全体成员的积极性,使每个人都有机会,从而找到合适的人选。

(4)重新聘用。这种方式适用于待岗的员工。他们通过新工作来展示自己的能力才华,会保持着较高的工作积极性;并且由于他们一般都有丰富的工作经验,能够很快适应工作岗位,因而能为招聘部门节省大量的培训费用。

2. 内部人员的招聘方法

(1)推荐法。它是指由本部门员工根据部门需要推荐其熟悉的合适人员给用人部门和人力资源部门进行选择和考核的一种方法。

(2)档案法。它是指通过利用人力资源部门的员工档案,了解员工在教育、培训、经验、技能、绩效等方面的信息,帮助用人部门和人力资源部门寻找合适的员工的一种方法。

(3)布告法。它是指将招聘信息以布告的形式,公布在招聘部门中一些可以利用的墙报、报告栏、内部报刊上,尽可能使内部的员工获得信息,鼓励有才能、有志气的员工毛遂自荐的一种内部招募方法。

(4)职业生涯开发系统法。它是指根据本招聘部门制定的职业生涯设计,进行人员的晋升、调用等,进而满足填补本部门空缺职位需求的一种方法。

(二)外部招聘

(1)刊登广告。刊登招聘广告是组织常用的招募方式。这是因为报纸、杂志、电视、网络的接触面广,流通量大,招募到理想人才的机会也较多。

在设计招聘广告时,要注意广告的独特创意,树立良好的组织形象,给读者留下深刻印象。另外,还应把主要的招募内容展示出来,如工作内容、工作时间、工资收入、工作环境、资格条件等。利用广告进行招募的缺点在于,广告存留时间短、成本较高、信息容量少。

(2)学校招募。进行学校招聘的优点是,应聘者的素质有一定保证,而且应聘人数也会很多,可以有计划地进行招募甄选。缺点是只能在固定时间内进行总招募,不能临时录用。另外,由于学校毕业生急于找工作,通常会同时应聘多份工作,结果是被选中者很可能同时也被其他机构录用,而临时拒绝聘约。

(3)人才交流中心和职业介绍所。人才交流中心和职业介绍所存有大量求职者的资料信息,组织在急需少数个别职位人才时,通过人才交流中心和职业介绍所招募到所需人才是一种简便的方法,但需要一定的费用。

(4)猎头公司。猎头公司是近几年才在国内出现的一种机构,专门提供引荐高级管理人员或专业技术人员的服务。企业中需要填补重要职位或很专业的职位空缺时,由于不易找到合适的人选,就需要借助猎头公司的帮助。这类公司大都收费昂贵,但物有所值。

(5)通过现有职员介绍。部分组织会通过现有职员或朋友介绍人选来填补职位空缺。这种方式的优点是:推荐人清楚组织的工作及职位要求,因此所推荐的人员大多符合要求。另外,应聘者已于事前从推荐人那里了解到工作环境、要求及前景,加上碍于推荐人的情面,会在录用后努力工作,且不会随便离职。缺点在于,易形成小的私情集团,出现分党分派情况,影响组织利益。

(6)网络招聘。网络招聘是同科学技术的迅猛发展、网络社会的到来密切联系在一起的。网络招聘可以发布更加完整的招聘信息,可以省下许多人的出差费用,节省大量的招聘成本,还会使应聘者很快就能掌握用人单位的职位要求和工作内容以及薪水、奖金、福利等自己所关心的信息,从而通过比较来确定自己所要应聘的组织。网络招聘的不足之处在于,信息可信度不高、保密性不好、信息更新缓慢、网站相互复制、双方缺乏感性认识等。

第二节　人力资源的录用与评估

一、人力资源的录用

（一）背景调查与体检

1. 背景调查

企业要想做出正确的录用决策,可以通过背景调查的一些信息来完成,但是信息的使用必须是正当合法的,对背景调查的信息进行合法的使用所给出的建议,是企业最需要的。尤其是国民的法律以及权利意识越来越强,企业不能因为调查,来侵犯求职者的隐私。对背景的调查,一般会分为两大类:第一,通用项目,也就是任职资格证书是否有效以及毕业学位是否真实;第二,职位所要求的工作技能、经验以及业绩,当然这些也不是必须都掌握。在简历表上已经有的内容,不需要再进行调查,这样更节省时间以及金钱,招聘者如果调查的是求职者与工作无关的隐私,那么很有可能会惹上麻烦。

2. 体检

初步的选拔通过后,下一个步骤就是体检。这一环节的实施是比较简单的,通常企业会和一些正规的医疗机构有合作,应聘者在规定的时间内到医疗机构进行体检。一些大型的企业,会将体检交由自己的医疗部门来完成。不管是体检的费用还是结果都是由招聘者负责的。

在对人员进行录用时,体检这一环节是比较重要的。企业中因为不同的职位对求职者的健康要求也不同,有一些职位有特殊的健康状况要求,所以招聘者在进行招聘时,要更加严格地对应聘者进行体检,如果疏忽的话,就会给企业带来麻烦,甚至可能造成一定的损失。

(二)录用

体检通过后,就可以录用了,录用的程序相对来说是比较复杂的,当企业决定对人员进行录用时,会通知他们,签订试用合同后,会进行岗位的安排,然后再开始试用,如果试用通过的话,就进行正式的录用。具体来讲,新员工的录用程序可以从以下几个步骤来进行:

1. 录用通知

对录用名单进行公布,是录取通知的第一个步骤,这一步骤的实施,主要是依靠录用决策和录用标准来进行的。名单公布后,就需要开始办理相关的录用手续。

录用手续的办理,主要是在劳动人事的行政主管部门进行的,同时,还需要提供证明来让员工明确工作的合法性,这样不管是在法律上还是在国家的相关部门都是受到承认的,而且有关的劳动人事部门可以对招聘工作以及招聘者进行业务上的监督。在进行入职办理时,新员工的个人信息要保证真实性。

相关的录用手续办理完成后,就可以进行实际性的录取通知了。其实大部分的企业,都会先发放录取通知,再办理录取的手续。

2. 签订劳动合同

不管是正式的劳动协议还是试用合同,都属于劳动合同,企业和求职者也会因为相关劳动合同的签订,确立雇用与被雇用的关系,劳动合同的签订也就产生了一定的法律效力,所以在合同签订时,需要谨慎一些。

双方要将试用的期限、待遇以及岗位安排等明确地在试用合同中写出来。在后续的正式劳动合同中,合同期内的岗位职能、薪资待遇以及保险福利和企业的规定正式地写入合同内。正式劳动合同的期限到期后,不管是继续签订还是解除,都需要按照双方的意愿来进行。

3. 新人安置

新员工在签订试用合同后,会正式地进入企业,岗位需要人力资源部门来进行安排。一般来说,企业所发布的对岗位需求的招聘信息和新员工的职位都是相匹配的,当然这不是硬性的规定,也可以根据实际情况来调整,这样才能够让新员工发挥自己的长处以及更符合职位要求,让事与人的配合达到最佳。员工在进入企业后,企业须对员工进行初始安置,一般根据员工的应聘意愿安排其工作,员工的职位是与空缺职位相对应的。但也有一开始没有将员工安置在空缺职位上而是与空缺职位相关的工作岗位上的情况。员工初始安置可以被认为是对员工的能力和潜力的进一步考查,在试用期间员工与企业双方存在不满的情况下,可以解除试用合同。当员工试用期满,企业应该对试用期员工的工作绩效进行公正、客观的考核,以择优录取为原则,在与员工沟通征得员工的意愿后,做出正式录用的决策,并与员工签订正式的录用合同。在合同中应明确员工的权利和义务、工作内容和要求、相应的待遇和福利等。在签订正式合同后,应制订员工相应的发展计划,为员工提供必要的辅导和咨询等。

二、人力资源的评估

(一)人力资源评估的意义

评价招聘部门的工作是否成功,可以从以下几个方面来看:

(1)负责招聘的人员是否花时间与企业其他部门的经理一起

讨论对应聘人员的要求。合格的招聘人员会花相当多的时间来了解空缺职位的情况，同时，用人部门应该明确提出应聘本部门职位所需要的关键技能和条件。

（2）招聘部门的反应是否迅速，能否在接到用人要求后的短时间内就找到有希望的候选人。真正高效的招聘部门应该了解其他企业中表现出色的人并随时掌握各种候选人的资料。这就需要企业内部的其他职能部门在平时就为招聘人员提供消息和便利，而负责招聘的人员则需要为这些潜在的候选人建立档案甚至可以给他们打电话以了解其兴趣所在。

（3）部门经理能否及时安排面试，如果不能，就会错过真正优秀的人才。应聘者总是推迟面试，实际上是在传递两个信息：一个是应聘者觉得自己并不是那么重要；另一个是使企业的招聘人员觉得自己的工作没有受到重视。

（二）人力资源评估的内容

1. 招聘成本评估

招聘成本评估是指对招聘过程中的费用进行调查、核实，并对照预算进行评价的过程。

招聘工作结束后，要对招聘工作进行核算。招聘核算是对招聘的经费使用情况进行度量、审计、计算、记录等的总称。通过核算，企业可以了解招聘中经费的精确使用情况，是否符合预算以及主要差异出现在哪个环节上。

2. 录用人员评估

录用人员评估是指根据招聘计划对录用人员的质量和数量进行评价的过程。判断招聘人员数量的一个简单的方法就是看职位空缺是否得到满足，雇用率是否真正符合招聘计划的设计。衡量招聘质量是按照企业的长短期经营指标来分别确定的。在短期计划中,企业可根据求职人员的数量和实际雇用人数的比例来认定招聘质量;在长期计划中,企业可以根据接受雇用的求职者的转换率来判断招聘的质量。

录用人员的数量或质量可用以下几个公式来反映:

(1)录用比:录用比=录用人数/应聘人数×100%

(2)招聘完成比:招聘完成比=录用人数/计划招聘人数×100%

(3)应聘比:应聘比=应聘人数/计划招聘人数×100%。

如果录用比例小,相对来说录用者的素质就较高,反之则录用者的素质就较低;如果招聘完成比等于或大于100%,则说明在数量上全面或超额完成招聘计划;如果应聘比较大,说明发布招聘信息的效果较好,同时说明录用人员可能素质较好。除了运用录用比和应聘比两个数据来反映录用人员的质量外,也可以根据招聘的要求或工作分析中得出的结论对录用人员进行登记排列,以确定其质量。

(三)人力资源评估的方法

1. 工作岗位评估法

工作岗位评估法在企业中被普遍使用,但不适用于所有企业。其中一个原因是存在一些政策上的问题,这是目前需要首先解决的。具体问题包括以下几点:

管理层是否发觉到了各个工作岗位之间的差别?

一些具有区分各工作岗位功能的标准能否被确定和可实用化?

在员工眼中,工作岗位评估法能否真正产生有意义的区别?

工作岗位评估法与企业的战略目标是否一致?

比如,企业的目标是保证工作分配中的最大灵活性,那以学识和才能为基础的工资制度或许是最合理的。

在这样的工资制度下,员工获得的工资不是以所干的工作为基础,而是以员工所干的工作量为凭据。比如,瑞典的沃尔沃(Volvo)工厂,将工人们进行分组,每组 8 到 10 人,每组装配一辆汽车。新员工通过半年的课堂教学和在线培训后,能够独自装配一辆新车的 1/3 左右。经过其培训课程,沃尔沃激励新员工继续学习如何安装一辆车的不同零件,还奖励了继续学习课程的员工。处在这样一个环境中,员工们学习的知识越多,他们得到的酬劳就越多。

2. 个性评估法

对员工的性格和特性进行评价和预估的方法叫作个性评估法,主要对员工的决策本领、忠实度、沟通技能以及创造能力等几个方面进行评价和预估。这种评估方法通常情况下是用来询问某个人是怎样的人,对某个人所做的事很少涉及。个性评估法简单方便,容易操作,但是这种评估方法也存在一些难以忽视的缺点。个性评估法的有效性还需要进一步确认。员工在工作过程中极易受到场景和外界环境等因素的影响,所以这种评估方法评价的员工个性往往不能和员工的工作行为进行良好的对应。例如,一个与同事相处十分不融洽,且充满挑衅的员工,在与客户的交谈中,可能会表现得比较谨慎,态度客气,为人谦和。另一个缺点是个性评估法断定的可靠性通常来讲较低。个性是多变的,不易被明确定义,不同评估者运用的参考标准不同,这就使得评估结果也不一致。还有一个缺点,个性评估法不可以向员工提供反馈信息,例如不能告知员工以往的缺点。这个方法提供的信息并不能告知员工怎样做才能改正以前的缺点。

3. 行为评估法

评估过程不可以对员工的性格进行评价,但能够对员工的工作行为进行评价。当人们把"怎样完成任务"当成很重要的事情时,就需要对其行为进行评估。例如,当顾客进入商店时,销售人员应立马上前招待,欢迎顾客的到来,协助顾客挑选自己想要购买的商品,并完成收银服务,最后对顾客表示礼貌感谢。行为评估可以对员工在其岗位上的所作所为进行评价。行为评估起到了非常重要的作用,因为它明确解释了员工们应怎样采取不同的行动。

因为行为评估的对象并不包含全部的影响员工工作效率的行为,所以对于一些行为而言,可能会产生的一个缺点就是低效。对于有些工作,可以借助一些不同的行为来实现工作的高效完成。在评估体系中,如果把激进作为最好的评估方法,那将会对下一位销售员的表现给予不公平、不合理的评价。

4. 结果评估法

为了预防行为评估法自身的缺点,可以使用评估员工工作行为结果的方法进行评估,这种方法被称作结果评估法,具体可从每位员工的销售数量、为企业创造的月利润额等方面下手。然而,怎样获得结果是不重要的,同时还有很多方法能够实现目的,但最适合的方法是结果评估法。采用结果评估法,前面所列举的使用不同评估方法的两类汽车销售人员都会得到相同的评价结果。

结果评估法具有直观性的优点,同时它具备可操作性强、效率低以及可混淆的缺点。另外,评估结果不是一直掌握在员工自己的手中。结果评估被很多外在原因所影响,例如设备发生故障、经济变化中运气不好、企业预算不足、人员缺少和不被员工控制等原因,这些因素也对工作成果产生巨大的不良影响。

结果评估法的另一个缺点是某些员工可能会产生"不计后果实现目的"的观念。比如,对于一家企业,在销售量的基础上对电话销售员的业绩进行评估,当顾客要求废除合同或者退货换货时,员工们要学会拖延办理,否则销售额业绩会大大降低。但是,这并不是企业想看到的情况,而且这同样也会对顾客的满意度和回头订货数量产生不良影响。如果每个员工只关注自己的利益,不愿意花费时间和精力帮助同事,这将会损害员工之间的合作精神,不利于企业的健康发展。还有一个缺点具体表现为结果评估对员工的发展没有起到很大作用。尽管用该方法得到的评估结论可能低于标准水平,但它也不能为改进工作业绩提供切实合理的解决措施。

综上所述,在对某种特殊工作进行评估时,要注重评估方法的选取,当员工个性和工作效率之间存在明显的关联时,个性评估法是首选方法。总体而言,行为评估法和结果评估法的自身缺点较少,如果可以将行为评估和结果评估这两种评估方法进行有机结合,那么这种组合能够适用于多数工作的评估。每种评估方法一般只适用于评估一种工作表现,此外,一些带有客观性和特殊性的评价方式,能够用于评价多种工作业绩。每种评估方法都有自己的缺点,为了防止因评估不当而制造出新的矛盾,企业管理要不断激励员工追求个人发展,增加员工士气和提高工作能力,信任每一位员工,并加强对他们的职业培养,让员工都可以创造性地工作,而不去计较一时的得失。

第三节　人力资源的有效配置

一、人力资源配置的含义与目标

(一)含义

1. 从宏观经济管理领域的角度看

人力资源配置就是将社会中的所有人力资源充分合理地运用

到社会生产及其经济活动之中,达到充分就业与合理分布,保证社会经济发展对人力资源的需要,以取得最佳管理效果,使人力资源效能充分发挥,以实现社会经济战略发展的目的,这是宏观的人力资源配置。

2. 从企业管理的角度来看

所谓企业人力资源配置,在科学技术高度发达的市场经济体制下,就是通过考核、选拔、录用和培养,把符合企业发展需要的各类人力资源及时、合理地安排在所需要的岗位上,使其既适合岗位,又能与所在的团队融合,并发挥主观能动性,施展才华,最终实现企业人力资源战略管理的目标。当前,我国企业就是处于技术高度发达的市场经济体制下的市场经济微观主体,因此本章主要从现代企业战略管理的角度,即从微观经济管理的角度研究人力资源的配置。

(二) 目标

1. 使合适的员工能从事适合的工作

企业要实现其战略发展目标,说到底就是在其产品或服务适应市场需要,有较好发展前景的条件下,解决在产出水平一定的情况下,如何使成本最小化的问题,或者说在成本一定的情况下,如何使效益最大化。因为只有在企业产品或服务低于市场平均成本,经济效益较好的条件下,企业才具有较强的竞争力,才能发展壮大。优化人力资源配置是降低成本、提升效益的有效途径。所以,企业人力资源配置的目标是,使合适的人干合适的事,人事相配,做到人尽其才、才尽其用、用尽其事、事尽其功。也就是说,使人力资源配置能从根本上促进员工与职位、员工与员工、团队与团队的协调配合,通过人力资源配置,发挥员工的主观能动性,在合理的人力资源规模条件下,取得最大的经济效益,从而实现企业战略发展目标。

2. 人力资源配置目标的具体表现

战略管理者在配置人力资源的时候,应该最大限度地提高人力资源的使用效益。人力资源配置的战略管理目标具体表现为以下四个方面:

(1)人适其事。就是企业通过合理安排员工职位,为员工特长发挥创造条件。企业人力资源战略管理职能部门应对员工的特长、个性做深入的了解,针对其特点安排相应的工作,使每个人都有适合自己能力及特长的岗位和具体工作。从人力资源管理的角度看,导致国内的一些企业经济效益低下的原因是多方面的,但其中一个很重要的原因,就是缺乏战略管理的观念,不懂得或不愿意实行人本管理,在人力资源配置上仍然存在着随意性,员工专业不对口、能力得不到发挥的现象随处可见。

(2)事得其人。就是企业的每个职位和每项工作,都找到技能特点与之相匹配的员工来承担,人事对等,责任明确。一方面,企业人力资源战略配置者应了解员工;另一方面,应该明确职位的特点及眼前与未来的要求,只有对职位要求的现状和未来的发展有清晰的认知,才能将适当的员工配置到相应的职位上。

(3)人尽其才。就是企业在人力资源配置过程中,要了解员工的要求,尊重员工选择,与员工充分沟通,使人力资源配置真正做到人适其事,事得其人。只有在充分沟通的环境中,员工的技能特点和个性才能充分展现。尊重员工的选择则是企业充分调动员工的积极性,使员工的能力得到完全发挥的基本条件,也是提高经济效益,实现企业战略发展目标的客观需要。

(4)事尽其功。就是做好人力资源配置战略管理各个环节的工作。或者说,通过人力资源配置战略管理,获得在现有条件下人力资源配置的最好效果。要做到事尽其功,需要做好人力资源配置中各个环节的协调配合,如果从单一工作环节看都不错,但各环节的协调配合跟不上,就可能造成各环节工作效果的相互抵消,最终降低人力资源配置的整体效果。

二、人力资源配置原则

人力资源配置就是通过一系列人力资源管理手段把符合组织发展需要的各类人员及时、合理地安排在岗位上,并与经济资源相结合,开展组织运营的过程。

人力资源管理要做到人尽其才、才尽其用、人事相宜,最大限度地发挥人力资源的作用。科学合理地配置人力资源应遵循以下原则:

1. 要素有用

任何要素都是有用的,没有无用之人,只有没用好之人。人力资源配置就是为所有人员找到和创造发挥作用的条件。要素有用原则强调优势定位,一方面,员工要根据自己的兴趣和能力设计职业发展目标;另一方面,管理者需要辩证地看待员工的优势与不足,将员工安排到最有利于其发挥优势的岗位上。

2. 能级对应

合理配置人力资源,提高人力投入产出比,首先要充分了解人力资源的构成和特点。人力资源质量由于身体状况、教育程度、实践经验等因素影响而存在个体差异。承认不同个体之间能力和水平差异,是为了在使用人力资源时,做到"大材大用、小材小用、各尽所能、人尽其才",使每一个人所具有的能级水平与所处的层次和岗位的能级要求相对应。

3. 互补增值

互补增值原则是在承认个体多样性和差异性的基础上,在人员分配与安置上扬长避短,增强互补性,使人力资源系统的整体功能得到强化,从而产生"1+1＞2"的增值效应。互补增值主要体现在知识互补、气质互补、人格互补、能力互补、性别互补、年龄互补等方面。

4. 弹性冗余

弹性冗余原则要求在人与事的匹配过程中,既要使工作量达到满负荷,又要符合劳动者的生理和心理要求,不能超越身心的极限,确保对人、对事的安排留有余地,既给劳动者一定的压力和紧迫感,又保障所有员工的身心健康。总之,企业应根据岗位类别、行业、工作环境等具体情况的不同,把握好度。

三、人力资源配置的方法

1. 确定人员需求量

企业在一定时期内应该占用的人力资源总数,取决于生产、经营、管理、服务等方面的工作量与各类人员的劳动效率。它的配置是在组织设计的基础上,设计出职务数量(是指每种类型的职务需要多少人)和类型(是指每种类型的职务需要什么样的人)。由于企业人员复杂、工作各异,很难综合反映他们的工作量和劳动效率,因此必须根据不同的工作性质、采用不同的方法分别确定各类人员的编制和配备。

2. 选配人员

职务设计和分析指出了组织中需要具备哪些素质的人。为了保证担任职务的人员具备职务要求的知识和技能,必须对组织内外的候选人进行筛选,做出最恰当的选择。把不合适的人安排在岗位上,无论对个人还是对组织,都会带来灾难性的后果。所以必须研究和使用适合人才市场环境与本企业实际要求的一系列科学的测试、评估和选聘方法。

3. 制订和实施培训计划

人的发展是一个过程。企业中的员工,特别是管理人员的培训是人员配备中的一项重要工作。培训,既是为了适应组织技术变革、规模扩大的需要,也是为了促进员工个人的充分发展。因此,要根据组织的员工、技术、活动、环境等特点,利用科学的方法,有计划、有组织、有重点地进行全员培训,特别是对有发展潜力的未来管理人员的培训。

四、人力资源配置的具体内容

(一)空间配置

企业人力资源与其他经济资源相结合产出各种产品的过程,就是人力资源在空间和时间上实现多维度有效配置的过程。企业人力资源空间配置主要包括招聘岗位配置、劳动分工协作、任务指派、工作地组织等内容。

1. 招聘岗位配置

招聘岗位配置有三种基本方法:以人为标准进行的配置、以岗位为标准进行的配置和以双向选择为标准进行的配置。

(1)以人为标准进行的配置

从人的角度,根据每人得分,为其安排得分最高的岗位。使用这种方法可能出现的问题是:几个人同时在某岗位上得分最高,但结果只能选择一个员工,而其他优秀的人才被拒之门外。

(2)以岗位为标准进行的配置

从岗位的角度出发,每个岗位都要挑选测试得分最高的人员,以保证组织效率达到最高。使用这种方法可能出现的问题是:一个人同时被几个岗位选中,而有些岗位出现空缺的现象。

（3）以双向选择为标准进行的配置

由于单纯以人为标准或者以岗位为标准进行配置,均有难以克服的问题,因此,可采用双向选择的方法进行配置,即在岗位和应聘者两者之间进行必要的调整,以满足岗位与人员配置的要求。采用双向选择的配置方法,对岗位而言,有可能导致得分最高的员工不能被安排到该岗位上,对员工而言,有可能没有被安排到其得分最高的岗位上工作。但该方法综合平衡了岗位和人员两方面的因素,现实又可行,能从总体上满足岗位人员配置的要求,效率较高。

2. 劳动分工协作

（1）企业劳动分工

企业劳动分工是把生产、服务过程分解为若干局部的劳动,各局部的劳动既相互联系,又各自独立,具有专门的职能。企业劳动分工的形式有以下三种:

职能分工。企业全体员工按所承担的职能进行分工,一般分为工人、技术人员、管理人员、服务人员及其他人员。这是企业劳动组织中最基本的分工,是研究企业人员结构、合理配备各类人员的基础。

专业分工。专业分工是职能分工下的第二层次的分工。例如,工程技术人员及管理人员可以按专业特点分为设计人员、工艺人员、计划人员、财会人员、统计人员等。

技术分工。技术分工是指每一专业内部按业务能力和技术水平进行的分工。例如,技术人员可分为助理技术人员、技术员、助理工程师、工程师和高级工程师。

（2）企业劳动协作

企业劳动协作就是将各方面、各环节的劳动组织起来,相互配合、协同劳动。作业组是企业中最基本的协作关系和协作形式,它是在劳动分工的基础上,把为完成某项工作而相互协作的有关人员组织起来的劳动集体。

3. 任务指派

企业在劳动组织过程中,为了提高人力资源配置的有效性,可以采用运筹学的数量分析方法。例如,在解决员工任务指派问题时,企业普遍采用的匈牙利法,就是实现人员与工作任务配置合理化、科学化的典型方法。

企业在应用匈牙利法解决员工任务合理指派问题时,应当具备两个约束条件:一是员工数目与任务数目相等;二是求解的是最小化问题,如工作时间最小化、费用最小化等。

4. 工作地组织

工作地组织就是在合理分工协作的基础上,使工作范围内的劳动者、劳动工具与劳动对象的关系达到最优的组合。工作地组织的基本内容包括合理装备和布置工作地,保持工作地的正常秩序和良好的工作环境,合理组织工作地的供应和服务工作。

(二) 时间配置

对于企业来说,时间配置的主要任务是建立工作班制,组织好工作轮班以及合理安排工时制度。企业的工作班制有单班制和多班制两种。工作轮班是指在实行多班制生产条件下,组织各班人员按规定的时间间隔和班次顺序轮流进行生产活动的一种劳动组织形式,体现了劳动者在时间上的分工协作关系。

1. 工作班制

单班制是指每天只组织一班生产,组织工作比较简单,主要是促进不同工种之间的相互配合,充分利用工作班内的时间。多班制是指每天组织两班、三班或多班进行轮班生产。企业是实行单班制还是多班制,主要取决于企业生产活动的特点和规律。工艺过程不能间断进行的,例如发电、化工、石油、冶金等行业的主要生产过程要求连续生产,必须实行多班制。而工艺过程可以间断的行业,可根据企业生产的任务、经济效益和其他生产条件而定。一般来说,实行单班制不利于厂房、机器设备的充分利用,但员工的工作生活有规律,有利于人的身心健康,劳动组织任务也比较简单。而实行多班制有利于充分利用机器设备,缩短生产周期,合理使用劳动力,但企业需要组织工作轮班,组织任务较为复杂。

2. 工作轮班

工作轮班是指企业在生产作业工作日内,为保证作业活动的协调持续进行,组织不同生产班次进行生产作业的形式。不同企业需要根据自己的工艺特点、生产任务、人员数量及其他相关生产条件,选择不同的轮班组织形式,如两班制、三班制和四班制等。工作轮班要兼顾企业生产效益和员工的利益,尊重员工心理、生理特点。一般来讲,企业安排轮班需处理好以下三个问题:一是合理配备各班人员力量,平衡数量与素质,保证各班生产的相对稳定;二是合理安排倒班和轮休;三是加强组织管理。

第五章　人力资源的培训与绩效管理

第一节　人力资源培训的内涵与需求

一、人力资源培训的内涵与类别

(一)人力资源培训的内涵

人力资源培训是企业为了实现自身的目标和员工的发展相结合而有计划地组织员工进行学习和训练,以改善员工工作态度、提高员工工作技能、激发员工创造潜能,而使员工能胜任本职工作的一种人力资源管理活动。主要从以下四个方面来把握其内涵:

(1)人力资源培训的主体是企业。人力资源的培训应该由企业来组织和实施。有些活动(比如员工自学)尽管在客观上也能提高员工工作技能、激发员工创造潜能,但实施的主体不是企业,就不能把这种活动看作是培训。

(2)人力资源培训的客体是企业中的全体员工,而并非部分员工。这并不是指每次培训的对象都必须是全体员工,而是企业应该把全体员工都纳入培训体系中来。

(3)人力资源培训的内容是与员工工作有关的所有内容。既包括对与员工工作相关的业务知识、工作技能等"硬件"的培训,也包括对员工工作态度、企业文化等"软件"的培训,二者缺一不可。员工工作既包括员工目前所从事的工作,也包括员工将来可能从事的工作。

(4)人力资源培训的目的是通过改善员工工作态度、提高员工工作技能、激发员工创造潜能而改善员工业绩,从而实现企业自身的发展目标。

(二)人力资源培训的类别

(1)全脱产培训、半脱产培训、业余培训。从受训者是否脱离工作岗位来划分,培训的形式分为全脱产培训、半脱产培训和业余培训。全脱产培训是受训者在一段时间内完全脱离工作岗位接受专门的培训后再回到工作岗位继续工作。半脱产培训是受训者一段时间工作一段时间接受培训。业余培训就是不占用上班时间而利用业余的时间进行培训。

(2)初级培训、中级培训、高级培训。从培训的层次上来划分,培训可以分为初级培训、中级培训和高级培训。在一个组织内部,不仅管理人员而且一般员工也分初级(基层)、中级和高级三个层次。这三个层次有一些差别,一般的初级培训注重理论知识,在方法上采用讲座、视听教学等。中级培训比初级培训在理论上要深一点。而高级培训主要侧重于学习新理论,注重创新。

(3)长期培训、短期培训。按照培训时间的长短来进行划分,培训可分为长期培训和短期培训。长期培训是注重员工未来职业定向而进行的时间较长的培训,而短期培训是注重员工能更快适应急需的某些岗位而进行的某些时间较短、比较有目的性的培训。

(4)岗前培训、岗位培训、转岗培训。按照上岗就业的不同时期和要求进行划分培训可分为岗前培训、岗位培训、转岗培训。岗前培训也称职前培训或新员工培训,是对组织新进员工在任职上岗前给予的培训,以使员工对组织等有基本的了解。岗位培训就是针对员工在某一工作岗位的需要进行的在岗培训。转岗培训就是针对员工工作岗位调动及新岗位工作需要进行的培训。

二、人力资源培训的原则与内容

(一)人力资源培训的原则

1. 适应企业战略要求的原则

经营企业的最高纲领是企业战略,战略对企业各个层面的工作都有指导作用。员工培训是人力资源管理体系中的关键环节,所以也要服从于企业战略的指导。以企业战略的高度为出发点,开展人力资源培训工作,不能将二者进行分离。这就对企业培训工作提出了要求,既要注重眼前的矛盾,又要具有远见,从长远的角度思考问题,从未来企业发展的角度开展培训工作,只有这样,企业培训工作才会积极有效地进行,而不仅仅是扮演着临时救火的角色。

2. 投入产出原则

企业是一种带有经济特性的组织,它做的每一件事情都需要考虑投入产出比,都是为了利益,企业的目的是投入最小的成本来获取最大的利益。所以,对企业而言,开展人力资源培训项目也要遵循投入产出原则,即当投入成本一定时,要得到最大化的培训效果;或者说当培训效果一样时,要确保投入的培训资金最少。

3. 激励原则

多数企业进行员工培训的目的是提升员工的职业素养,并没有考虑到录用、升职以及人员调动等问题,这样极大地挫败了人力资源培训的积极性。激励原则促进了员工积极性和主动性的提高,且此原则贯穿于整个培训流程,在培训之前,企业要对员工进行宣传教育,并以此促进员工学习斗志的形成;在培训过程中,要及时反馈员工学习情况,并增强和激发员工学习的信心和热情;培训结束后,对员工的培训结果进行考核,将考核和升职联系在一起,没有通过考核的员工给予一定的处罚,从而可以加大员工培训的压力。

(二)人力资源培训的内容

制定合理规范的人力资源培训内容,对达到培训目的,提升企业绩效有着极为重要的意义。员工培训是指提高企业员工某些方面的学识和技能,培训内容包含以下几个层面:

(1)知识培训。员工培训的首要内容是与工作有直接关联的知识。企业要借用各种方法和手段来激励员工学习和熟练掌握与工作有关的知识或技能。

(2)技能培训。在工作过程中,员工不但要做好本职工作,还要通过员工培训掌握更多的工作技能,例如各种业务技能、人际交往技能以及谈判能力等,最终使自己成为一个全方面发展的优秀人才。

(3)态度培训。目前,一般情况下,每个企业都有自身的企业文化,企业的员工应努力与企业文化融合。所以,要对新员工的工作态度加强培训,增强新员工的归属感,提高他们对企业的忠诚度。

三、人力资源培训的作用

(一)实现企业的发展目标

现代企业管理已经将培训作为组织的一项重要功能。企业通过有效的员工培训,提高员工的综合素质,就能使员工更加适应现代生产和改善企业文化的需求,从而充分满足企业职位的要求,提高企业职位的业绩,确保企业发展目标的实现。

（二）实现员工的自我价值

任何一名员工进入企业都有着自己的追求。比如有的想掌握新的知识和技能,有的希望得到较高的报酬和良好的待遇,有的期望使个人的志趣得以发挥等。企业通过人力资源培训,能够有效地提升员工的职业能力,开拓员工的职业空间,增强员工适应环境变化的能力,从而直接或间接满足员工追求自我价值实现的内在要求。

（三）实现人力资本内涵式的扩张

现代企业人力资源管理将员工视为一种资源,对员工进行投资,是企业富有潜力、更为有效的一种投资方式,最终形成知识资本或智力资本,实现企业人力资本的内涵式扩张,提升用人成本的使用效益,增加人力资本存量,开发员工的潜能,使企业的劳动生产率得以迅速提高,从而提升企业的竞争力。

第二节　人力资源培训计划的制订

一、分析培训需求

企业的培训任务不可以莽撞实施,只有在企业的确有相关的需要之时,培训才能够开展,不然开展培训没有任何的意义。所以,在进行培训以前,应该仔细分析培训的需求,这属于培训任务的初始阶段,除了能够确定培训任务的发展方向外,还能决定培训任务的效果。倘若最初的培训需求分析阶段出了差错,可能就会使得培训工作的开展"背道而驰",实现不了既定目标。

剖析培训要求指的是确立培训目的、制订培训计划的基础;也是开展培训成果测试的条件;还是完成好培训任务的重点。分析培训需求应该根据以下三方面进行着手,分别是组织剖析、任务剖析以及人员剖析。由组织剖析着手,将任务剖析当作重心,再实施人员剖析,最终获得培训的目的、培训的主体以及培训的形式。

1. 组织剖析

所说的组织剖析,是依据确定的企业运营策略的前提下,针对组织的目的、信息、性质、情景等元素实施剖析,更加准确地找到组织出现的难题以及难题出现的原因,便于清楚培训要求的程序。组织信息剖析是针对组织的资金、周期、人员等信息状况实施剖析。组织性质及情景剖析大致是针对组织的体系构成、理论等状况展开透彻的理解。组织剖析的宗旨是在汇集并且剖析组织业绩以及组织性质的前提下,确定业绩难题及缘由,探索能够解决的方法,给予培训部门一些参照。

2. 任务剖析

任务剖析所针对的主体是企业内的每个岗位,结合任务剖析需要确立每个岗位的工作职责,每项职责的工作准则,努力做好每项工作应该具备的理论知识、能力以及心态。综上所述能够得出,任务剖析要比岗位剖析更加仔细。

3. 人员剖析

分析培训需求的第三方面是清除员工培训需求的障碍。人员剖析指的是把员工自身当前的真实工作业绩和企业的业绩准则进行对比,对双方存在的不同问题进行剖析,确定哪一方应该进行培训以及如何培训。工作水平和业绩是人员剖析的关键所在,组织在以往的培训中,往往会忽略这一方面的重要性。因此,就轻易形成员工被迫学习的场景,组织耗费了大量的人力、物力、财力,但是没有得到预期的培训成效。组织剖析的目标是提醒组织之中存在哪几个部门或是在什么样的条件下应该实施培训及研发;谁应该进行培训以及应该怎样培训,是任务剖析的主要目标,三者之间属于递进的联系。

4.培训需求分析的方法

分析培训需求的方法主要有观察法、问卷调查法、访谈法。调查组织需求时,可对各级管理人员进行访谈,了解各部门对培训的需求。培训需求评估技术的优、缺点如表5所示。

表5　培训需求评估技术的优、缺点

评估技术	优点	缺点
观察法	得到有关工作环境的数据;将评估活动对工作的干扰降至最低	需要高水平的观察人员;雇员行为方式可能因为被观察而受影响
问卷调查法	费用低廉;可从大量人员那里收集数据;易于对数据进行归纳总结	时间长;回收率可能会很低;有的方案不符合要求,不够具体
访谈法	利于发现培训需求的具体问题,以及问题出现的原因和解决方法	费时;分析难度大;需要水平高的访问者

（1）观察法

观察法根据观察角度的不同,有参与观察和第三者观察两种类型。参与观察是指观察者加入某个要观察的部门里面去,完全融入该部门,在不影响该部门正常工作的前提下,发现问题和不足。如果要了解的事情非常隐秘,普通的调查没有作用,参与观察就是一个很适合的方法。第三者观察是指作为第三方,在一边观察其部门的运作过程,发现问题或需求。如果想要知道的情况很容易被发现,或者不适合深入了解,第三者观察就是最佳的方法。

（2）问卷调查法

问卷调查法也有两种方式,开放式和封闭式。开放式问卷就是让接受问卷的人自由发表自己的看法和建议,有利于发现新的要求和不足;封闭式问卷可以当作第三者观察法的延伸内容,依据发现的问题,进行更深的研究,寻找更好的解决方案。

（3）访谈法

访谈法根据受访对象的不同也存在两种形式,个人访谈和集体座谈。个人访谈的对象是焦点问题的责任人,或者有关键作用的人物;集体座谈的对象是和某个问题相关的一群人,他们的要求有助于解决问题。访谈工作的顺利进行,需要一定的访谈技巧,让受访者积极发言,阐明自己的需求,确保信息真实全面。另外要注意培训需求不是一次性的,是一个长期的需求,培训的分析需要用动态的观点进行,掌握动态的需求,培训效果评估的基础也包括了分析培训需求。

二、确立培训目标

将利用不同手段得到的需求进行整合,得到需求清单,参考企业现实生活中的经营情况,按照部门提出的有关建议,根据急迫性和重要性的程度,对需求进行排序,更加重要和急迫的在前面。为了解决某个或某些需求,确立培训目标,设计培训方案。企业需要清楚地知道,培训不能解决所有的需求问题,这就表示培训目标的设立,要贴合实际,不能承载企业的太多期望。培训目标也有多维和一维的不同,如果是多维的,就要思考收益、时间、成本三者间的关系,还要充分明确培训的效果,综合多方面的考虑之后,确定一个相对合理的目标;如果是一维的话,就只需要考虑培训的效果,确立明确的目标。

培训的效果受到成本和时间的影响,时间越长,投入成本越高,获得的效果自然越好。但需要注意的是,效果的增长幅度是越来越小的,这就代表企业在确定培训目标之前,要充分考虑到时间和效果、成本和效益之间的关系是此消彼长,只能确定一个相对合理的目标,做不到最好。

三、确定培训方案

培训方案是企业培训时的指导书,它根据员工和企业的不同需求,确定不一样的培训目标,制订合理的培训计划。

1. 选择培训机构

企业在选择培训机构的时候,要考虑企业面临的实际情况和具体目标。培训机构可以具体划分成两种,即企业内部培训机构和外部培训机构。企业内部培训机构有着专业的培训系统,也可以通过人力资源部进行培训;外部培训机构则是让本企业的员工去其他企业或大学进行锻炼或学习。规模比较大的企业可能本身就拥有培训机构,随时可以开始培训,培训的部门可以叫作企业大学、人力资源发展中心、培训中心等,名字不同,但发挥的作用是一样的。规模比较小的企业就需要向外寻求帮助,即找培训机构完成培训任务。

2. 培训内容

根据参加培训的人员不同,培训内容可分为高层管理人员培训、中层管理人员培训、普通员工培训和工人培训。应根据不同的受训对象,设计相应的培训方式和内容。根据培训内容的不同,可分为一般性培训、专业培训、横向培训和管理培训。

一般性培训包括企业章程、企业文化、企业及行业现状与企业地位、企业制度与组织结构、基础知识和基础技能等。一般性培训尤其适用于新员工岗前培训,使其适应新环境,尽快进入角色。专业培训则是指对某一部门或承担某一职责的人员进行的专门培训,如财务会计培训、营销培训、生产技术培训等。横向培训则是指跨部门之间的培训,由于公司的运作是各部门之间协同合作进行的,一个部门的员工也需要了解其他部门的工作,如产品推广人员也必须了解产品的技术优势等。管理培训是企业培训的重要部分,主要目的是为了提高企业中、高层管理人员的管理水平、管理能力和管理效果。

3.培训方式

培训的方式有许多种,有在职培训、脱产培训和半脱产培训,培训的方法更是多种多样,要灵活选择培训方法,适应各种需要,同时使受训者具有新鲜感,而不至于感到乏味。培训方法包括授课法、视听技术法、案例研究法、角色扮演、游戏法、工作轮换、网上培训、研讨法和自学等。

4.培训课程设计

培训课程的设计是十分重要的环节,可以采用专家意见法,向有经验的专家和权威人士征求意见,请他们做顾问。课程的深度和广度应根据受训者类别和培训目标确定。

5.实施培训

培训方案设计之后,最重要的是具备良好的软硬件环境来保证其实施。所谓硬件环境是指培训所需要的场所、食宿、设备(如计算机、投影仪、音像制品和计算机网络等)、资料(讲义、书籍)等。软件环境是指企业领导层的支持和受训部门管理者及员工的合作。

四、评估培训效果

评估培训效果是指企业在培训之后,通过一定的方法对培训效果进行分析和评价。评估培训效果是培训工作中不可缺少的重要环节,是衡量企业培训效果的重要途径和手段。通过评估,管理者可以知道培训使学员的知识得到了怎样的提升,学员的工作表现发生了怎样的变化。同时,企业可以对当年培训的效果有一个反馈,对下一年度的培训工作起到很好的借鉴作用。

对于培训效果评估的研究,国内外应用得最为广泛的是美国学者柯克帕特里克(Kirkpatrick)提出的四层次培训评估模型。他根据评估的深度和难度将培训效果分为四个递进的层次,如表6所示:

表6 柯克帕特里克四层次培训评估模型

层次	标准	重点	问题
第一层次	反应	受训者满意程度	受训者喜欢该项目吗?课程有用吗?他们有些什么建议?
第二层次	学习	知识、技能、态度、行为方式方面的收获	受训者培训前后,在知识以及技能的掌握方面有多大程度的提高?
第三层次	行为	工作中行为的改进	培训后受训者的行为有无不同?他们在工作中是否使用了在培训中学到的知识?
第四层次	结果	受训者获得的经营业绩	组织是否因为培训经营得更好了?

1. 反应层评估

培训评估方式中最普遍的、最基础的方式就是反应层评估,相比较而言,反应层评估的实施过程更简单,也更容易掌控,但它也有着非常明显的不足。简单举几个实例证实其不足之处,某些学员会因为非常喜欢某位培训老师,而给该老师带的培训课程非常高的评价分数,同理可知,不被喜欢的老师也会导致其带的课程分数很低。这是因为绝大部分学员都是感性地思考问题,常常会根据自己的感觉或表面印象,去评价某个人或事物,学员在评价时不会考虑自己有没有学到知识技能,培训课程有没有作用。所以这种评价方式得到的结果,非常难以确定该课程的教学效果好不好,也无法准确知道学员的知识水平、技能层次、工作态度等职业素质是否得到提升。除此之外,学员在进行评价工作的时候,评价态度非常不认真,具有很大的随意性,这也会影响评价的真正作用。

2. 学习层评估

通常是完成培训任务后的时间,或者培训期间,就开始实施学习层评估。学习层评估给培训老师和学员都带来了压力,但俗话说:"有压力才会有动力",这种评估方式也让培训老师和学员更加重视培训活动,教学态度和学习态度都会更认真,如果学员的基础知识掌握得比较扎实,就可以采取考试的检测手段进行评估。另外就是评估时要注意测试手段的难度不宜太高,应符合大部分学员的水平。

3. 行为层评估

学员完成培训后的 3 个月内,都可以进行行为层评估。评估的主要内容就是观察培训学员的工作方式是否得到改变,工作水平是否有提高。在进行行为层评估的时候,也有非常多的手段被使用,比如说行动计划法、观察法、面谈法、问卷调查法等等。需要注意的是行动计划法常常被培训机构使用,对培训学员经常进行回访,并且询问对培训方式或内容有没有意见,可以提出自己认为不足的地方,制订计划,让机构可以定期监督促进完善不足的地方。

4. 结果层评估

培训任务结束后的一年或者半年,可以开展结果层评估活动。结果层评估的内容主要就是和培训直接相关的工作绩效标准,评估的手段也只有一种,将培训前的绩效和培训后的绩效进行对比,结果就可以看出培训是否有效果,效果有多大。这种评估方式必须在行为层评估的基础之上进行,只有培训学员的行为举止发生改变,才能够把绩效的变化和培训互相关联起来。

第三节 人力资源培训成果及转化

一、人力资源培训效果评估

(一)投入产出分析模型

在私营部门的培训效果评估中,培训的支出与收益之间的比例关系是用于衡量和评价培训成果的重要标准和常用方法。在具体操作中,可以用培训的投资回报率来予以评价:

培训的投资回报率 = (收益 - 成本)/ 成本 × 100%

其中,成本包括直接成本和间接成本,如受训者的工资、教师的报酬、教育设备费用、管理成本以及由于培训而不能正常工作造成的机会成本等。收益则包括劳动生产率的提高、产品质量改善、销售量增加、生产成本和事故率降低、利润增长等各个方面,对于收益的评价可以从直接收益评估和间接收益评估两个方面进行。

投入产出分析模型作为一种量化分析方法,能够清楚地表明组织培训成本与收益之间的数量关系,对于资金成本控制具有重要的作用,因此在企业中运用得十分广泛。由于公共部门很难取得具体的效益指标,所以使用起来有些难度。

(二)柯氏评估模型

这就是上文提及的在公共部门最为常用的培训效果评估模

型,其评估具体操作在此不一一赘述。

(三)布鲁斯沃和拉姆勒评价方法

除了上述两种常用的方法外,20 世纪 70 年代美国学者布鲁斯沃和拉姆勒对培训项目评价标准和衡量方法进行了研究,并总结了一套至今仍十分有效的评价方法(见表 7)。布鲁斯沃和拉姆勒认为,评估培训项目时所使用的评价项目固然很重要,但评估时间和评估方法的选择也很重要。事实上,很多人力资源管理专家都认为,以合理的成本就能够采集到对组织决策和组织目标发展最为重要的数据的培训项目评价方法才是最合适的。

表 7　布鲁斯沃和拉姆勒评价方法

我们想知道什么	衡量什么	衡量项目	获取数据的方法	获取数据的普遍方法
受训者是否满意?如果不满意,为什么? 1. 概念不相关 2. 培训场所设计不合理 3. 受训人选不合理	培训期间受训者的反应	培训与工作的联系、学习的轻松程度	受训者对培训的教学、练习方式的评估	观察法 问卷法 面谈法
	培训之后受训者的反应	培训到底"值不值",培训与学习有关吗?	培训产生的行为方式、对项目概念的理解	观察法 问卷法 面谈法
教学素材是否教会了概念?如果没有,为什么? 1. 课程描述 2. 课程设计 3. 培训目标	培训期间受训者的反应	是否理解是否应用	学习时间、培训期间的测试成绩	文件检查
	培训之后受训者的反应	是否理解并应用、内容的衔接如何	对未来的行动方案、工具的使用表述	观察法 问卷法 面谈法

续表

我们想知道什么	衡量什么	衡量项目	获取数据的方法	获取数据的普遍方法
所学的技能是否被应用？如果没有，为什么？ 1. 概念存在问题 2. 工具不合适 3. 环境不支持	绩效改进计划	分析行动计划和结果	讨论文件结果	观察法 文件检查 问卷法 面谈法 关键事件法
	解决工作问题的技能	提出的问题计划的行动采取的行动	讨论文件结果	观察法 文件检查 问卷法 面谈法 关键事件法
概念和技能的应用是否积极地影响了组织？如果不是，为什么？	难题解决	问题的识别、分析、行动、结果	讨论文件结果	问卷法 面谈法 关键事件法
	危机的预测预防	潜在危机的识别、分析、行动、结果	讨论文件结果	文件检查 问卷法 面谈法 关键事件法
	绩效衡量具体到一个特定的培训项目	产出的衡量、过渡的或诊断的方法	业绩数据	文件检查

二、人力资源培训成果转化的要素

　　培训成果的转化是指将在培训中所学到的知识、技能和行为应用到实际工作当中去的一个过程。培训成果的转化受到转化气氛、管理者的支持、同事的支持、运用所学技能的机会、技术支持以及自我管理技能等因素的影响。正如我们在前面曾经讨论过的，学习会受到学习环境（比如学习材料的意义、进行练习以及获得反馈的机会等等）、雇员对接受培训的准备程度（比如自信、基本技能水平等）两方面因素的影响。如果在培训过程中压根儿就没有发生过学习行为，那么培训成果的转化就无从谈起了。

（一）转化气氛

考虑工作环境对培训成果转化所产生的影响的思路之一是来看一看总体的培训成果转化气氛。转化气氛是指受训者对于工作环境中所存在的有助于或有碍于把通过培训获得的技能或行为运用于实际工作之中的各种各样特征的看法。这些特征包括上级和同事的支持、运用技能的机会以及运用所学技能所产生的后果等等。研究发现，培训成果转化的气氛与管理者在接受培训之后的管理方式以及人际行为的改变之间有着很强的相关性。

（二）管理者的支持

管理者的支持是指受训者的上级管理人员强调参加培训项目的重要性；强调应当将培训内容运用到工作当中去。例如，加利福尼亚住房合作社的培训人员曾经对负责房屋租赁的项目管理人员进行过如何安排复杂任务的培训。然而遗憾的是，许多受训者却没有能够在实际中应用这种任务安排系统，这是因为当他们回到自己的社区房屋租赁机构之后，他们的上级管理人员并没有肯定这套系统是值得采用的。"通过满足利益相关群体的需要进行竞争"专栏揭示了对于非传统雇员来说，管理者的支持是多么重要。

上级管理人员的支持程度越高，则培训成果越有可能得到转化。管理人员所能够提供的最低层次的支持是允许受训者参加培训。最高层次的支持是作为一名指导者(参加培训项目的教学)亲自参加培训。作为一名指导者参加培训项目的管理人员更有可能提供许多低层次的支持功能,比如强化受训者在培训中所学技能的运用、与受训者讨论培训的进展情况、提供练习的机会等等。为了最大限度地实现培训成果的转化,培训者需要尽可能地达到最高层次的支持。管理者还可以通过强化(制订行动计划)方便培训成果的转化(运用行动计划)。行动计划是指一份用来说明受训者及其上级管理者将采取哪些措施来确保培训成果得到转化的书面文件。行动计划要明确:受训者所要承担的具体项目或者在工作中所可能面临的难题,管理者将提供哪些设备或其他资源来向受训者提供帮助。行动计划中还应当包括一张包含着具体的日期和时间长度的时间表,这张时间表将说明管理者和受训者将在哪一时间会面,共同讨论受训者在将培训成果转化到实际工作之中的进展情况。

在最差的情况下,企业至少要安排一个专门的时间来向受训者的上级管理人员解释培训的目的,并且告诉他们,企业期望他们能够鼓励雇员参加培训、为受训者提供实际练习的机会、强化培训内容的应用、对受训雇员进行追踪以评价受训者在将培训内容运用到实际工作之中所取得的进展。

(三)同事的支持

为了让培训成果得到更有效的转化,建议在受训者之间构建支持网络,这个网络有助于将培训中学到的知识应用到实际工作中,推动工作进步。支持网络需要两个或两个以上的受训者才能建立,他们自发地组成小组,彼此间愿意定期见面,相互讨论学到的知识以及工作的实际应用。这种见面可以是面对面的交流,也可以利用视频或电子邮件进行沟通,彼此分享自己技能转化为实际成果的经验,讨论自己培训成果转化过程中需要的各种资源,可能遇见的问题等等,为其他人的培训成果转化提供方向和基础,尽量降低培训成果转化失败的可能性。

除了上述的方式之外,企业也可以帮助受训者更快更有效地实现转化。比如编印时事通讯,将不同受训者培训成果转化成功的经验通知给所有人,让所有人都能学习和领悟。也可以对成功的受训者进行访谈,将详细的过程印在时事通讯上,然后分发给所有的受训者。企业也可以给每一个受训者分别配备一个老师,该老师有着丰富的工作经验且参加过同样的培训,该老师可能是受训者的同事,也可能是上司,他可以给受训者提供更多的实践机会,增大培训转化成果的可能性。

三、人力资源培训成果转化的方法

(一)采取激励措施增强受训者动机

人的一切行动都是由某种动机引起的,动机是一种精神状态,它对人的行动起激发、推动、加强的作用。受训者的动机会直接影响受训者的学习效果的好坏。有效的激励能点燃员工的激情,促使他们学习和工作的动机更加强烈,并将潜在的巨大的内驱力释放出来。因此,企业要采取有效的激励措施来增强受训者动机。例如,建立对员工培训成果转化的物质激励和精神激励的机制。有效的激励措施分很多种,比如目标设置理论、需求激励理论、期望理论等,企业可以借鉴各种激励理论来制定措施。

(二)改进培训项目设计环节

为了加速培训成果的转化,培训负责部门在进行培训项目设计时应充分考虑工作环境特征、学习环境及受训者特点等对成果转化的影响,根据有利于成果转化的理论,设计培训方案和让受训者培训成果转化的环境,尽量使受训者将所学技能顺利地转化到工作中去。

改进培训项目设计环节能增强受训者的培训效果,也能提高培训成果转化的成功率。企业可以通过三个方面来改进培训项目设计:首先,尽量设置与工作情境相同的培训条件。其次,培训师要让学员掌握如何将培训所学知识和技能运用于实际工作的原理和方法。最后,公开受训者的行动计划承诺书并编写受训者的行为手册。行动计划承诺记录下来,以便受训者工作时查找和翻阅。

(三)建立有效的培训前沟通、培训后反馈机制

有效的沟通能增强培训效果,成功的培训离不开有效的沟通。在培训前,应该向受训者表述培训的目的、培训的内容和培训预期的效果。在培训过程中,受训者与培训师、受训者与受训者、受训者与主管之间也应保持良好的沟通。在员工热情地参与培训之后,培训负责部门有义务将员工的培训成绩、评价结果通过书面材料、会议或网络等方式反馈给他们,让员工了解自己的参与是否发挥了应有的作用,同时还可帮助员工进一步了解企业的培训目标和企业所期望的绩效水平。快速有效的反馈机制也可以使企业高层和培训部门既能照顾到企业整体问题,又能及时了解一些重要的细节,从而增强培训效果。

第六章　互联网时代人力资源管理的转型发展

第一节　互联网时代人力资源管理面临的挑战与机遇

一、人才管理的新整合和新功能

人力资源管理为了能够更好地适应移动互联网时代,它原本的作用都发生了改变,并且衍生出新的特点,被称作六度组合。在新时代的影响下,原本的基础作用进行重新整合产生新的作用,创造出新的价值,人力资源创新管理模式开始出现,即六度组合。

1. 强文化

向外国的优秀企业进行学习,可以发现一个优秀的企业,必然有着强劲的企业文化,具备着鲜明的特色。每个企业最大的差异不体现在产品上,反而是企业文化占据中心位置,产品仅仅是泛文化的一个外在体现。优秀的企业文化可以给予职员极大的归属感,凝聚所有职员的意志力,产生庞大的人气场。这个人气场就像是一片活水,职员则是生活在其中的鱼儿,气场合适,如有神助;气场不适,非走即伤。深入学习之后,能发现深厚且个性鲜明的企业文化,可以帮助企业凝聚力量,坚持不懈地进步发展。

强文化,实质上就是强调人工作的意义,这已经凌驾在人类生存的底线之上,现在的时代已经不是过去的那个时代,已经从"活着"转向"享受生活"。质量不仅仅是目标参数,而且是一个显而易见的前提条件,这是后物质时代的要求,同理,后物质时代的管理也要遵循以人为本的理念。

2. 自组织

核心文化、商业模式、效能方式、企业聚能都需要在一定的范围内才能顺利实施,这个范围就是组织,组织有两种形式,他组织和自组织。移动互联网时代,管理的宗旨是积极应对所有的不确定性,人力资源则追求充分释放职员的所有力量,商业模式的核心是完全满足用户的需求,组织方式不再单一地使用他组织,自组织开始登场。自组织和他组织是组织的两个端点,同属于一个大系统,只是状态不一样,需要注意的是自组织一定会有他组织的要求,他组织也一定包括自组织的诉求。企业要在自组织和他组织共同建造的组织空间里不断调整,选择最适合自己的组织方式,比如在有组织的内部,使用自组织或无组织的手段,创建新的聚集和释放职员效能的方式。

3. 绩效力

绩效不单单是衡量职员的工作水平的工具,更是一种力量,一种只有高素质人才拥有并能完全发挥的力量。新产品接二连三地出现,就是因为这种力量一直在推动,该力量一旦被完全激起或释放,就会对内促进企业发展,对外则满足用户的需求,该力量还可以权衡不同职位的价值高低,判断其生命力大小。绩效力是一种自然出现的力,就像引力和重力一样,只要将优秀的人聚集在一起,自然就会出现一种力量,但本质上还是人的力量。优秀企业和一般企业有着很多差距,最明显的外在差异就是绩效力不同。

4. 重激励

企业人力资源的效能将会受到激励的影响,但平均化的激励有致命伤害。足够优秀的企业是不会在意激励是否平均化的,它们采用的是强激励政策,将整个报酬系统的各个措施灵活交织使用,让激励一直处于高度状态,自然而然成为常态化事件。绝大部分的企业管理都不能有效地实施激励政策,如果做不到尽人之能,做不到尽物之性,那就不可能充分利用生产力。想要高绩效,就不可能脱离一颗高激励的心。最关键的事情是,立足物质基础,充实精神世界,立足人才杰出的平台,搭建更合理的利益框架。

5. 轻足迹

什么是轻足迹?这是符合当今时代管理要求而出现的词语,具体是指企业的发展速度快、方向正确、脚步轻松,企业调用了消息灵通、小巧精致、装备精良、有自主权的团队,通过更小的企业规模和结构、更少的人员数量,获得更高的经济效益,即低投入高回报。一系列政策的实施都体现着企业管理的智慧,也充分展现了管理的生态观和仿生观。

管理价值是轻足迹管理的核心内容,企业要时刻保持积极进取的决心和高度的警惕心,企业也会有疲惫期,这就需要一只"手",时刻点出关键。工业时代的企业管理家们已经制定了充足的规则,立足这些规则,创造了重型重装的管理。后管理时代、后物质时代赶上了好时候,只需要轻松出发。

6. 生态位

移动互联网时代的人力资源不参考传统科层组织的职业分配,它的表现形式叫作生态位,是由企业管理生态系统和企业大生态系统的独特位势决定。重点是生态位的地位非常重要,它是生态人力资源管理的核心和网络节点。容易改变,可以改变,综合能力,通过自组织和其他人员产生互动和联系,这都属于位势的特点,既实现自我价值,又帮助其他的生态位供给营养。传统的人力资源信息并没有取消,但是需要从更开阔的层面上学习掌握,例如价格、等级、职责等。

信息、关系、价值等综合构建的网络，是一个多维度的时间状态和空间位置，这就是生态位出现的前提，位置就是关联关系的节点，它是可以生长的，一直在改变，但一直都是协调的，每个人都会有数不清的位。但当前的人类几乎都不能改变，被镶嵌在一个固定的实体点上，不可能成为移动互联网世界中的可移动生态位。

二、STBM——互联网时代人力资源的新功课

人力资源肇始于工业时代，成熟于工业时代，并在工业时代固化成为某种"职场教义"，即人力资源满足于既定的、已有的、成熟的、教条式的思维方式和行为方式，将自己封闭在职能管理的圈子里，陷入文献模式或者表单模式，脱离生产和工作现实，不能适应互联网时代的速度和节奏。进入互联网时代以来，越来越多的人力资源管理场景与业务场景融合，人力资源管理的"纯粹性"越来越受到挑战，与业务接轨，成为业务伙伴，甚至推动创新，成为新要求。这就要求传统的人力资源管理和人力资源管理者们，务必实现两个转变：从纯粹的人力资源专业到商业化视角里的人力资源能力，从职能管理的僵化教义到解决现实问题的创新方法。

人力资源从业者需要做好新功课。本节构建了以 STBM 为核心视角、以生态式人力资源体系为抓手的新管理体系。本节首先对 STBM 做出阐述和诠释。STBM，由社会（Society）、技术（Technology）、商业（Business）、管理（Management）四个英文单词的首字母组成，作为本书提出的缩略语，用以指称互联网时代人力资源管理的核心视角。

1. 社会

国务院原总理李克强曾提出"大众创业，万众创新"的口号和"互联网+"战略，宣示了中国现代社会经济的第三次解放。第一次解放是 20 世纪 50 年代，我国人民的道德力量战胜了落后的生

产工具的制约,创造出了伟大的经济成果。第二次解放是 20 世纪
80 年代,是重商的解放,走向经济自由的解放。第三次解放是人
本和资本的解放,在当今人才主权、人才众筹、人力资本家的时代,
以人为本不再只是传统文化中的亲民情结,已经成为真切的社会
背景,可以说,对以人为本的理解将直接决定人力资源管理的
水平。

2. 技术

4G 时代,人与人、人与物、物与物之间的无线连接日益普及,
信息数据、人工智能、云计算等新技术方兴未艾,对生产和生活产
生了深刻的影响。5G 将在不远的将来全面应用,物联网时代终会
来临,新技术必将对人力资源管理产生革命性的重要影响。

3. 商业

HRBP(Human Resource Business Partner),中文含义是人力资
源业务伙伴,管理含义是人力资源要努力向业务看齐,争取成为业
务部门的伙伴,而不是负担。这里可以提出另一个问题:人力资源
是谁的业务伙伴?不论有多少个版本,互联网思维的各种说法中
排名第一的总是用户思维。德鲁克(Drucker)早就下过定论:企业
的所有用户都在企业外部,企业内部的所有部门都是成本中心。
即便是企业的业务部门,也是成本中心,其存在的价值是满足企业
外部客户的需求,舍此无他。因此,人力资源不是业务的业务伙
伴,人力资源和所有人员一样,都是用户的业务伙伴。业务部门如
果不以用户为中心,不能够真实准确、及时高效地反映用户诉求,
业务伙伴的地位就有了问题,就不再是人力资源的业务伙伴。

优秀企业的人力资源和业务部门已经结成了利益共同体和命
运共同体,成为股东,而股东>伙伴。人力资源要找到不从属或依
赖于其他任意一个企业内部部门而定位的坐标系,还要有得力的
工具。移动互联网时代的人力资源管理,要建立以"问题、焦点、场

景、招法"为要义的新管理逻辑。但凡人力资源工作,都可以明确问题,从而锁定边界;提炼焦点,从而把握要害;还原场景,从而体会用户;确定招法,从而解决收官。所有这些招法,本质都是人力资源从纯粹专业视角和思维模式走向商业视角和思维模式的要求和体现。

4. 管理

经济学家创造了五人理论,基本含义是:一人,满足人所需(目的),满足人的多种需求;二人,依靠人来干(根本),依靠人来推进落实;三人,制度引导人(激励),激励人的积极性和创造性,同时约束人的机会主义行为;四人,资源装备人(升级),利用自然、资本、知识为人赋能和升级;五人,分工安排人(组织),通过组织优化、岗位轮换、工作变化、分工协作,让每个人各得其所。这个理论可以作为互联网时代人力资源管理的专业理论基础,它意味着,在传统时代以普通要素,即大众人力资源或者一般劳动力为主的人力资源管理,要转型升级为以高级要素,即以技术、知识、人才、信息为主的人力资源管理,要实现从普通要素管理到高级要素管理,通过制度变革、结构优化实现管理体系升级。

三、"互联网+"时代,人力资源如何进行战略变革

(一)"互联网+"时代的人力资源管理变革

企业的人力资源在互联网时代会出现何种变革?管理的思维又会发生怎样的变化呢?如何重构互联网时代的人力资源管理模式?根据笔者多年的经验,互联网时代掌握人力资源管理应该结合以下三方面的内容:

1. 跨越员工与客户的边界

移动互联网时代的员工与客户之间的边界被打破,在这种模

糊的角色转换过程中,二者共同为用户创造价值的同时,也在为企业源源不断地做出贡献。

小米品牌庞大的粉丝群体已经成为其手机的创意来源及传播其品牌的中坚力量,人力资源管理的边界被打破,人力资源体系与客户开始相关联。由此,互联网时代,员工与客户跨越彼此原有的界限融合在一起,共同创造价值。

2. 互联网时代的人力资源战略

互联网时代,信息数据的应用给各行各业带来了一场新的革命,信息数据分析技术的应用使人力资源决策的科学性得到大幅度提升。个体与个体之间及个体与组织之间进行沟通所产生的大量数据使人力资源的程序化决策有了海量的数据支撑,为将来程序化决策的全面实现打下了坚实的基础。由于管理者地位的提升,其面临的不确定性增大,决策的难度也在逐渐增加,这种取决于管理者的理念与意志的非程序化决策需要有大量的数据作为参考。

由此,企业在运营过程中对信息数据的应用应该注意以下要素:

(1)企业要注意对员工工作信息进行收集,对员工之间的交流数据进行统计。

(2)利用信息数据分析确定员工的价格预期,从而制定切合实际的基本策略。

(3)以信息数据分析岗位体系,要求工作效率的最大化,提高企业人事决策能力。

(4)以信息数据分析劳资关系发生矛盾的临界点,尽可能规避不必要的冲突。

人力资源管理体系发展到一定的阶段需要有精通数学的计量人才参与其中,信息数据的应用开始使人力资源进入量化阶段,出现了"数据化人力资源管理"的新概念。之前国内开发人力资源管理软件的企业大部分都处于亏损状态,其根本原因在于这些企业耗费较多的资源去生产软件,却没有考虑到当时企业是通过极具个性的管理者所制定的非程序化决策。

信息数据分析技术的应用开始使企业的非程序化人力资源决策转入程序化决策,这使相关行业的从业者开始有了施展才能的空间。从业者利用信息数据分析技术为企业提供人力资源以及客户资源的数据发掘服务,另外,这些软件企业必须要有真正懂市场、懂运营的管理者坐镇。

未来软件企业再想要靠技术取胜难度将会非常大,比拼的将是软件内容及分析方法。没有擅长企业运营、了解市场走向、懂得消费者需求心理等方面的相关人才,仅靠一些技术方面的精英人才无法使未来的软件企业赢得消费者的信赖。

只有那些擅长企业运营,善于从海量的数据中发掘出消费者需求信息,能够总结出市场的发展趋势,从而进行科学的人事决策的企业管理者,才能带领企业从一片红海之中脱颖而出、铸就辉煌。

3. 从线性结构到网状结构的变革

过去的企业组织结构为自上而下的线性结构,而到了互联网时代则演变成为一种网状式并联的结构体系,企业的运营者不再是组织结构的核心,更加侧重的是以消费者为核心,以消费者的价值需求为导向。之前的企业最高决策权掌握在企业的运营者手中,而现如今的发展趋势是员工成为其工作领域的最高决策者,员工可以将自己的才能尽可能发挥出来,每一名员工进行高度自治,在未来,企业的老板将变为一种企业精神的象征。

海尔的创始人张瑞敏面对互联网的不断冲击提出:"企业无边界、管理无领导、供应链无尺度、员工自主经营",这正是一个历经几十年沉淀的企业家在互联网时代对于企业人力资源管理所提出的先锋观点。过去企业的领导层管理权非常集中,呈现自上而下的单一管理结构。互联网时代管理层的领导权开始趋于分散,谁与客户的交流最为密切,谁就会成为实现企业价值变现的关键环节,相应地,谁就拥有最高的决策权。

微软公司将员工分级制度废除,提倡人人都可以成为公司的核心,都能成为掌控公司资源调度的核心。

(二)重构"互联网+"时代的人力资源体系

1.建立以提升员工价值体验为目标的人才互动渠道

随着移动终端的普及,人们已经进入一个随时随地都能进行"互动"的时代,在已然呈现出网状结构的企业组织里,所追求的网络化经济效益有待加强。在并联形式的组织机构里,若想要获得话语权,就必须创新企业的产品与服务并使其创造出巨大的价值,而要做到这一点的前提是要足够靠近客户并创造出足够的附加值。这就意味着,每一个员工都有着成为组织运行中心的机会。因此,人力资源管理应将互联网时代的努力方向放在"互动"这一关键点上,使得企业与不同的员工能够通过不同的渠道来进行互动,这样一来,每一个员工都能够从中找到自己的价值所在,并能够激发出自己的潜在价值,促使企业人力资源更进一步地发展。

若要达到上述效果,人力资源管理必须先转变观念,尤其是发挥作用。对"人才"认知的观念,充分认识到人才是企业最增值的资源,树立"以人为本"的管理思想,所以在管理方法上就不能再沿袭以往的控制手段,而要将之视为产品与服务的设计者及体验者。在这样的管理观念的指导下,人力资源管理者的日常工作重点应为员工价值体验的提升,为了实现这一目标可以通过打造各类相关的平台,员工则可依托这些平台来参与制定人力资源管理策略、研发相关产品并进行设计与体验。

2.建立以使命感为基础的人才激励机制

在传统的企业激励机制中,人才激励机制建立实施的基础是契约,也就是说,企业与员工在此方面有着约束与被约束的关系。薪酬也好,福利也罢,都是建立在企业的规章制度上,激励手段多打着奖惩的名义,所以员工在此方面较为被动。

然而,进入互联网时代之后,人的观念有了翻天覆地的变化。员工在工作过程中不再是被命令去做什么,也不再有着外界的种种约束,而是凭借强烈的自我驱动力和自我管理能力去为企业创造价值,于是企业与员工就能够上下一心地拧成一股绳。如今促使员工激发潜力、创造价值的并不是规章制度中的实际奖赏,而是建立在与企业彼此信任之上的使命感。所以,人力资源管理应基于使命感而建立新的激励机制。

为了实现这一目标,人力资源管理的激励重点应该侧重于拓展员工的事业,由此来激发员工的主动性与创造性,并在这个过程中培养其责任心,构建一个更适合员工树立自己远大理想的企业平台,促使员工在这样的环境里充分调动自我驱动、自我管理的能力去实现自己的目标,并借此促进企业的发展。

3. 建立以信息数据为手段的人才管理依据

在人力资源管理的范畴内,真正基于理性运算的部分并不多,仅仅是在薪酬方面有所涉猎,剩下的多是一些非程序化的决策,所以人力资源看上去与数据之间并无关联。

其实不然,在移动互联网飞速发展的今天,互联网时代已然到来,人与人之间的互动、网络行为的伴生这种区别于传统意义上的信息数据已经在各个领域里爆发出了巨大的能量,在人力资源管理的领域,自然也不例外。前面所提到的大部分的非程序化决策完全可以借助信息数据挖掘与分析来走向程序化。

此外,信息数据还可以向管理者提供管理内容的科学依据。比如,现在的人力资源管理已经加强了对人才的重视,如何才能充分地挖掘人才的价值,并将之放置于正确的岗位是极为重要的一个环节,而与人才相关的数据分析就能够为这一环节提供重要的决策依据。

总而言之,互联网的飞速发展在给传统行业带来颠覆的同时,也为之提供了更为广阔的发展空间,张瑞敏在时隔多年之后又挥起的"锤子"正是在互联网思维引导下做出的应对互联网冲击的新的发展战略。在"互联网+"的经济发展新形态下,传统行业能否顺利地向互联网转型是其生存下去的关键所在,而要做到这一点,关键在于人力资源管理能否重构适合本企业的管理方式。所以,企业对此进行重构时必须要用互联网思维来武装自己构建出符合互联网时代人才发展与管理特点的策略与手段,促进企业成功转型。

(三)人力资源转型:构建新型人力资源管理模式

在新时代的人力资源改革中,虽然人力资源管理者在对人才的管理上可能会达不到供应链部门中的精细程度,但是其在改革中学习和借鉴供应链部门的经验对于新型人力资源管理模式也具有重要的意义。

与以往的人力资源管理运作模式相比,新型人力资源管理运作模式在组织架构、人力资源战略管理流程、技术指标和人力资源能力方面都有着明显的区分。新型人力资源管理运作模式需要更坚实的基础,而且在资源、技术和流程方面也需要进行有效的变革和提升,从而满足新型人力资源管理的要求。

因此,尽管完成新的运作模式的转型还需要几年的时间,但是已经有企业在实践中先行了一步,取得了不错的效果,为日后的成功转型奠定了重要的基础。新型人力资源管理模式的主要特点如下所述:

1. 定义产出

关键的人力资源产出能够为企业创造更高的价值,因此,需要明确定义人力资源需要驱动的产出,并确定这些产出如何能够帮助业务实现目标。企业应该对现有的人力资源措施进行有效的评估,调整在人力资源方面的投资及资源配置,保证产出流程的正常执行。

2. 重新设计流程

人力资源管理部门应该将眼光放在能够驱动业务价值的几个关键的人力资源流程上,比如,对人才供应渠道的改善及对人才能力的培养等。

在新型人力资源管理运作模式中,对人力资源的规划应该成为人才供应流程的起点,中间的流程包括对人才的选拔、评估、甄选、入职,而对员工的首年绩效评估则作为流程的终结。

进行人力资源规划可以帮助人力资源管理部门更准确地识别和预测企业在人才方面的需求,从而更好地帮助企业招贤纳士。人才供应流程的负责人还应该与人力资源部门中的其他职员以及业务部门保持密切联系,帮助企业定义雇主品牌,对人力资源趋势进行分析以及预测,并改善人才获取的渠道,为企业的人力资源利用提供一个良好的条件。

此外,人力资源管理部门还要对雇用的人力资源进行跟踪监控,了解他们在入职后的表现,并根据他们各自的能力以及特征安排到合适的岗位上。重新设计流程,关键在于各个部门职能壁垒的打破,通过跨职能的合作实现端到端流程的建立。企业管理者还应该对流程负责人实现充分授权,让他们能够充分发挥自己的聪明才智促进企业的发展。

3. 探索架构变化

在定义了人力资源的关键产出之后,就需要采取具体的措施来对人力资源部门进行调整。关于人力资源部门的调整既可以很简单,即只要拓宽职能负责人的管辖范围即可,也可以很复杂,即需要对企业的组织结构进行改革,并选拔大量的流程负责人对人才供应流程进行管理。

流程负责人在新的运作模式中主要负责驱动企业在一些领域的关键产出,比如,人才的供应和管理、人员的培养、人员绩效劳动关系的建立和管理等。同时,在新的运作模式中还需要人力资源运营负责人,主要职责是管理事务性工作交付或者外包服务,可以对企业的各项指标进行管理,并在广泛收集数据的基础上进行数据分析,为企业战略的制定提供重要的参考。

4. 提升人力资源能力

很多企业的人力资源之所以会转型失败,很大一方面原因是企业只是对现有的人力资源进行简单的角色分配,而期望他们能够为企业交付新的服务。要知道每一个人力资源在能力以及素养方面存在一定的差距,因此很多人力资源负责人都开始重视对企业现有人力资源人才能力的评估,但是往往很多人力资源的能力不能满足新型人力资源管理运作模式。

在向新模式转型中的一个关键就是能够为企业选拔满足职位需求、拥有合适能力的员工,并让他们在关键的岗位上充分发挥自己的聪明才智。一般企业的关键岗位需要的都是比较高水平的资源,包括流程负责人和业务伙伴等,他们在关键角色中发挥的作用有时候甚至事关企业的成败,主要表现在以下几个方面:流程负责人要在企业内创建无缝的、端对端的流程,将流程中的所有部分都紧密地联系在一起,同时还要保证人力资源能实现价值。

此外,流程负责人还要将员工从事的单点活动与企业的整体关键产出、业务产出联系起来,从而保证单点业务与整体业务的一致性,以更快地推动企业目标的实现。他们不仅要控制流程中所需的资源,还需要对流程的进展情况进行实时监控,从而及时发现问题,提出有用的改善建议,保证流程的正常运作。人力资源业务伙伴在企业的组织发展方面需要扮演更专业的角色,帮助业务负责人制定和执行业务战略,协助流程负责人制定人力资源规划战略,识别部门角色、充分挖掘他们的能力,开展继任计划,协助企业高管管理员工绩效,同时为企业的变革管理提供重要的支持,并保证业务领导的行为活动不与企业当前的文化相冲突。

5. 识别新的指标

人力资源管理部门应该将目光放在与核心流程和产出密切相关的数据指标上,但是在实践过程中,人力资源管理部门由于不能对价值主张进行清晰的陈述而导致缺乏合适的衡量指标。

流程负责人可以通过合理的指标更清楚地了解和掌握流程的执行情况,从而发现流程在运作中的问题,并追本溯源找到问题的症结所在。比如,在人才供应中,关键指标包括合格的申请人比例、录取通知的接受率、申请人的合格比例、新员工的绩效合格率等,都是值得关注的关键性指标。企业通过对这些指标的了解和识别,可以帮助流程负责人在挑选人才的时候根据不同的需求,如有较高的录取通知接受率、新员工绩效合格率等要求,选择合适的人员获取渠道。简而言之,对这些指标的识别,可以有效改善人才供应流程,帮助流程负责人更好地开展人才选拔工作。

新型人力资源管理模式运作模式的出现动摇了原有人力资源部门运作的根基,采用了一种全新的思维方式来思考以及解决问题。因此这就需要人力资源部门有一个更加明确的价值主张,并且要重新设计和调整原有的人力资源运作方案及流程,通过对业务的关注获得更多的价值。

新型人力资源管理模式的出现为人力资源部门带来挑战的同时,也提供了重大的机遇,可以帮助人力资源部门摆脱困局,实现真正的成长。新型人力资源管理模式打破了传统人力资源的孤立现象,将其与整体的业务连接在一起,注重企业的整体产出,同时也有利于培养系统性的思维方式。

更重要的是,新型人力资源管理模式可以让人力资源更好地理解自己的贡献与业务需求的匹配,从而激发他们的工作积极性,为企业贡献更多的力量。已经有部分企业开始实践新型人力资源管理模式,这些企业已经成为这种新模式的先驱和领跑者,并且都有着共同的特征:不管是业务领导者还是人力资源负责人都始终抱着同一个目标,就是依靠组织及人才战略建立企业的竞争优势。

随着企业生存环境的日益复杂,企业所面临的人力资源挑战将越来越大,要想在竞争中始终保持自己的优势,企业需要挖掘并留住更多的人才。

第二节　互联网时代人力资源管理的主要模式

一、"互联网+"时代高校人力资源管理模式

(一)平行管理模式

平行管理模式提高了企业管理者集中管理的能力,实现了管理者和被管理者的平等交流,平行管理模式属于人力资源管理模式,对人力资源管理的发展有重要意义。尤其是在现代的背景下,在"互联网+"的支持下,非常多的高校创建了网络平台进行人力资源管理,让平行管理模式进一步传播开来。

(二)换位管理模式

换位管理模式属于一种更加先进且更加高效的管理方式,能够充分体现出职工的重要性,正所谓"想职工所想,急职工所急",这不光可以为广大教职工建立起有效的沟通方式,而且还能为高

校的人力资源管理提供更加坚实的基础,能够使管理者与所管理的对象相互尊敬以及相互信任。然而,在运行这个换位管理模式的同时,要格外注重的是在新时代的影响下,这种管理模式与人情管理以及迁就管理模式有着很大的区别,在进行实践管理中,作为管理者要除去个人的感情,对待所有人要一视同仁,还要多进行换位思考。

（三）激励驱动管理模式

在人力资源管理中,激励驱动管理模式是一种较为重要的管理方式,其主要目的,就是采用一些激励的措施,从而提高广大职工对于工作的热情以及积极性。激励驱动主要决定的是广大职工的工作效能,主要以工作效能为基础,要想创立更加稳定、和谐的人力资源环境,激励驱动则起到决定因素。只不过,需要格外注意的是,在判断一名职工的工作能力以及所产生的业绩时,不要对其进行主观的判断,要建立健全相关评判标准、评判制度,要时刻做到严谨、透明、科学合理、公平公正等,只有这样才能最大限度地提高职工的积极性以及对工作的热情,才能促进高等学校对人力资源管理方式的完善。

二、"互联网+"时代高校人力资源管理模式的创新路径

（一）通过构建信息化管理平台,奠定高校人力资源信息化管理的基础

在"互联网+"的时代背景下,教育信息化已经成为一种发展趋势,而在高校人力资源管理过程中,同样需要实现信息化管理才能满足时代发展的要求。作为高校人力资源管理的重要基础,不

断构建"互联网+教育"模式的信息化管理平台显得尤其重要。从现状来看,尽管很多高校已经通过开发或购买软件的方式实现了信息化管理,但是各个软件之间并不能够实现互联互通,造成了较为严重的成本浪费的现象。

为了避免此类现象的发生,则需要构建一个统筹的平台,以实现各个软件之间的联通和信息共享。通过构建不同的用户端口,高校在人力资源管理过程中的不同管理需求才能得到满足。这不仅加强了人力资源管理工作与其他教育工作的联系,同时也在很大程度上提升了学校人力资源管理的成效。

(二)通过完善信息化管理系统建设,提升高校人力资源信息化管理水平

作为高校整体信息化建设的重要组成部分之一,信息化管理系统的建设对推动高校人力资源信息化管理具有非常重要的意义。特别是在"互联网+"时代,想要提高高校人力资源管理效率及水平,则需要加快完善信息化的管理系统建设。依托先进的科学技术手段,信息化管理系统需以高校师生的需求为出发点,以此提升相关人员的满意度,提升自身的管理能力及水平。

(三)通过建设人力资源管理生态链,不断完善高校人力资源管理的功能

在"互联网+"的时代背景下,高校为了能推动人力资源管理的全面展开,并完善其管理功能,需要不断建设人力资源管理生态链。在此基础上,高校还要借助其他有效手段,使管理工作得以落实。一方面,为了能够让管理人员进行数字化决策,高校可以实施领导决策支持系统;另一方面,为了能够为相关管理人员提供更大的便利,高校管理可以通过手机软件的方式加以实现。

第三节　企业人力资源管理现代化的创新发展

一、战略性人力资源管理

在以往的传统人力资源管理中,大多数都会只处理眼前较为棘手的人员需求问题,但是,这种手段在当今工作环境中并不适用,而且还存在着许多弊端以及种种不确定性,故此,这就要求对人力资源管理方式进行转变,转变为根据人力资源战略来为组织提供可需要的帮助,制定好相关模式,并且根据未来战略的要求,按照人力资源规划的要求提供各方面的人才,这就要求人力资源与组织战略的完美整合,成为战略性的人力资源管理。其主要内容包括:

（1）对企业外部的环境进行分析,例如政府政策的相关变化、经济发展的需要、劳动人才的需求等等,能够及时发现外部环境中所存在的影响企业发展的危险因素,加以研究讨论,制订一套完美的应对计划,为人力资源战略的制定提供详细的基础依据;

（2）对企业内部进行分析,对各组织内的员工进行详细的调查,包括员工的规模、个人的工作能力以及所擅长的部分等等,能够为人力资源战略的可行性保驾护航;

（3）将人力资源与战略组织关系进行相互整合,确定战略目标,预测未来在人力资源上所需要的数量,根据人数与目标大致确定相关结构;

（4）通过对以上条件的分析,制定出详细的方案,以企业内部与外部环境为基础,制定适用于现在和对未来有相关规划的政策,对职工的调动、扩张、缩减等制订相关方案;

（5）定期对所执行的战略方案进行评估,由于内部、外部的环境,政府的相关政策,经济发展等相关因素的不断变化,方案实施与计划会出现偏差,这就要求我们要定期对所执行的战略方案进行评估,并对出现的问题加以调整与完善,使战略方案更加适应企业发展。

二、人力资源管理全球化

在当前社会,企业之间的竞争愈演愈烈,竞争领域已经扩大到了全球。越来越多的组织都在向全球化进行发展,对于组织的全球化,这就首先在人力资源管理的方法上要时刻具有全球化的思想。这就要求企业要时刻以发展的眼光看世界,重点培养全球化的人才,加强学习能力,要以乐观开朗的心态看待所有事情,努力建设相关管理政策以及制度理论体系,要具有坚韧不拔的精神以及自强不息的品质,不断地研发新产品。要想能够更好地适应全球化的运作以及人力资源的多样化需求,人力资源管理就必须具备全球化发展理念,人才的思想也要具有全球化特征,认同自己企业的文化,时刻保持创新意识,提高学习的能力。

三、人力资源管理虚拟化

当今社会,是一个信息化的时代,也是一个低碳经济的时代,这种形式的引领下,出现了一些新的办公方式,例如家庭办公、网络办公等方式的逐渐流行,所对应的人力资源虚拟化管理也逐渐形成新趋势。人力资源的虚拟化管理更加适用于当今社会,它是一种新颖的、适应信息化和网络化发展的新策略,是促进人力资源管理发展的新势力,能够使企业具有很强的优势,为企业发展提供了有效的资源,企业的竞争力也得到了很大的提升。

(1)人力资源信息化的管理。在当今这个信息化时代里,在人力资源的管理工具中,最主要的是借助计算机和网络工具,首先要完成的是事务性的管理活动,就比如一些信息管理、考勤管理、工资管理等等。事务性管理活动,扩展到了常规性的管理活动,包括线上招聘、线上学习、线上考评等等。在将来,人力资源信息化的管理将成为自上而下的战略性人力资源管理电子化,即电子化人力资源管理(e-HR)。这个管理方式,不光能够大幅度地降低管理成本,还能提升人力资源管理的效果,提升广大员工的价值,使一些低价值的事务性工作脱离人力资源管理,将更多的资源投入到价值更高的活动中去。

(2)关于企业人力资源外包化的管理,主要是指企业以信息网络化的工具为基础,虚拟工作形式并且不断发展的工作形态在不断增加,企业通过虚拟部分人力管理的事务,都保持了核心的本质,而外包并没有核心职责,只是非核心职责,这可以减少企业人力资源部门的层级,也可以促进企业内部资源的运用更加合理与高效,进而发挥企业外部资源和内在资源的相互配合作用,在激烈的竞争中更有优势。人力资源管理的外包,能够将人力资源的作用得到有效的发挥,将人力资源管理的核心投入到最需要发展的核心领域,提升组织整体绩效。

四、人力资源生态链管理

在习近平新时代中国特色社会主义思想和"以人为本"的理念中,尊重人才、改善与优化人才生存环境、增强吸引力,提高凝聚力,为各类人才提供适宜生存、发展才华的空间,促进经济和社会发展,企业人力资源生态链管理或绿色人力资源管理逐渐流行。人力资源生态链管理要求为人才提供绿色的生态环境,在此基础上创建良性的人才竞争环境。人才生态环境包括能够确保人才生存发展、展示才华和实现价值的生活环境、工作环境、经济环境、政治环境、文化环境和人文环境等各个方面。首先,企业要尊重人的价值;其次,要承认人力资本的产权;最后,要将人才打造成为企业经营的核心要素和竞争优势的来源。要在人才竞争环境中建立以信誉和职业道德为基础、以能力和贡献为准则的用人机制,以及以价值和流程为核心的竞争制度。绿色人力资源管理适应低碳经济或绿色经济发展的要求,发挥人力资源创新作用和建立系统的人力资源培养体系。在明确创新作为人力资源管理目标的前提下,不断完善企业人力资源管理的政策,提升企业人力资源管理的效率,变革与变化了的情境不相适宜的人力资源管理职能。在低碳经济条件下,结合经济发展转变的具体情境,从企业战略目标出发,建立系统的人力资源培训体系,将人力资源打造成企业的核心竞争力,保证企业的持续竞争优势。在此情况下,企业才能有效地适应经济发展模式转变带来的挑战和抓住蕴藏的商业机遇。

五、人力资源管理的重心:知识型员工

在知识经济时代,企业成为经济发展的主导因素,企业的核心是人才,人才的核心是知识创新者和企业家,两者均为知识型员工。人力资源管理要关注知识型员工的特点,其重点是如何开发和有效管理知识型员工。知识型员工由于其拥有知识资本,因而在组织中有很强的独立性和自主性。这就必然带来新的管理问题,从而要求企业在对知识型员工授权赋能的同时强化人才的风险管理,要使企业的内在要求与员工的成就意愿和专业兴趣相协调。知识型员工具有较高的流动意愿,不希望终身在一个组织中工作,由追求终身就业饭碗转向追求终身就业能力,从而为企业保留人才带来了新的挑战。

知识型员工的工作过程难以直接监控,绩效难以衡量,使得价值评价体系的建立变得复杂而不确定,因此,企业必须建立与知识型员工工作特性相一致的价值评价体系和价值分配体系。知识型

员工的能力与贡献差异大,出现混合交替式的需求模式,需求要素及需求结构也有了新的变化。知识型员工有新的内在需求要素,这些要素是传统的需求模型难以囊括的,企业必须从更为广阔的范围和视角来安排对知识型员工的全面激励方案。另外,知识型员工的特点要求领导方式进行根本的转变,要建立知识工作系统和创新授权机制。

六、双基点复合式人力资源管理模式

早在很久之前,由于人力资源管理系统的不完善,难以适应以知识型员工为主体的发展需要,故此,人力资源管理对于企业的管理实践提出了新的要求,以此为基础,人力资源管理的新模式就由此诞生了。无论是根据职位的管理还是根据能力的管理都没有办法适应新时代的要求,也解决不了目前复杂的管理问题。人力资源管理的未来,是双基点模式,主要包括职位管理系统以及胜任力管理系统。

基于职位管理和能力管理的双基点模式有两个主要前提:一是设计,在设计的同时要注意要以企业的结构、组织的结构以及设计流程为基础,然后再进行深刻的讨论与研究;二是以企业的核心能力为基础,确立企业的基础以及所擅长的职能,并根据这些建立起胜任力管理模式。

职位管理与能力管理相结合,形成复合式的人力资源管理的两个基础,第一个是职位管理系统,在过去,都是以员工个体的能力为基础,但是,现在在很多中型以及大型的企业中进行人力资源管理时,要建立合适合理的职位管理系统。第二个是胜任力管理系统。要先从一些较为简单的岗位上设置胜任能力管理系统,主要包括管理者、广大职工、专业岗位以及团队的胜任力系统。其中,主要对应着人力资源管理的两套制度,第一种是经典企业的任职资格,第二种则是以企业职位成长为依据的任职资历制度。在这种时候,整个人力资源管理的体系也出现了改变,不再是以常规的职位配置方式为基础,而是以胜任力体系为基础、以企业的职位成长路径为基础。

第七章　互联网时代人力资源
管理的创新实践

第一节　互联网时代人力资源管理的创新的要点

一、互联网时代人力资源管理创新的新特点与趋势

(一)互联网时代人力资源管理的新特点

人力资源管理模式是 20 世纪 80 年代才出现的创新理论。在人力资源管理模式提出来之前,人力资源管理(实际上是人事管理)之所以不受重视,有许多原因。

第一,人力资源管理本身不可能成为企业的目的,企业绝不会为了招聘雇员或者为了培训雇员而存在。企业存在的目的是在生产满足顾客需要的产品的同时获得利润;或者通过在一定的成本下提供服务(如治疗病人或教育孩子)来满足顾客的需要并同时获得利润。

第二,人力资源管理长期以来缺乏可测量性,而商业世界从来就是讲究成本和收益的。

第三,人力资源管理的效能需要比较长的时间才能发挥,而且很难测量,这大大降低了雇主对人力资源项目和活动进行投资的积极性。

第四,人力资源管理者缺乏专业性技能。长期以来,从事人力

资源管理的人员都是没有受过正式的人力资源管理专业教育的人,这些人员充斥人力资源管理部门,必然降低人力资源管理的水平和服务质量,使人力资源管理成本上升。

(二)互联网时代人力资源管理创新的趋势

1. 从"一言堂"到"众声喧哗"的时代

传统的企业管理更多的是管理者发号施令,普通员工只能被动接受。互联网时代,随着信息高速公路以及 5G 技术的飞速发展,人们可以通过网络媒体实时传递信息和数据,互联网时代的网络平台是人人平等的,不再是原来的普通员工有话无处说,说了无人听,甚至说了也白说的时代。当年联想集团的裁员事件,员工在毫无征兆的前提下被企业裁员,被裁的人心理委屈,留下的人也心生恐惧,一篇《联想集团大裁员:公司不是家》的文章登在网上,委屈哀婉,柳传志的回应及时说明了情况,安慰了员工,并且反思了管理的问题,指出了未来的方向。在互联网时代,每个人都可能是"话筒",都可能影响到他人,也可能受他人影响,没有任何一家企业独立于互联网的信息之外。

2. 从信息的"发布者"到信息的"接收者"

在这个"众声喧哗"的时代,员工的信息随时可见,并且随处可见,所以管理者要适应这种趋势,从原来的信息发布者到信息的接收者、交流者,从原来的高高在上到和群众打成一片,通过网上信息的数据汇总,可以了解员工在经历什么,有哪些问题,如果是员工普遍存在的问题,是否需要进行培训,培训的内容是什么?据此进行的培训更加精准有效,员工会更加积极主动;如果是新招聘员工的问题,是不是招聘的方法方式不合适,要不要改进,从哪些方面进行改进?改进方案事前可以征询员工的建议,事后追踪结果反馈。通过信息数据的分析汇总,管理者可以及时发现问题、解决问题,对企业可能面临的问题未雨绸缪,从容面对。

3.单纯的物质奖励会有穷尽,对员工发自内心的关怀会更悠远长久

互联网时代的员工自我意识更强,更渴望得到尊重和关怀,他们来工作不单是为了养家糊口,更是为了有尊严地活着。如果企业关注不到他们的内在需求,只是给予简单的物质奖励,刚开始可能效果很好,但难以持久。所以给员工真正的关怀,解决他们的实际问题,更能打动员工,并最终留住员工。比如海底捞的新员工培训,会教员工如何使用自动柜员机,如何乘坐地铁,因为海底捞的员工大多来自农村,海底捞这么做是为了帮助员工快速融入城市生活;同时会给业绩好的员工父母寄钱,让他们也感受到孩子的成长和荣光,能这样设身处地为员工着想的企业会让员工心生眷恋,不舍得离开。

二、互联网背景下企业人力资源管理的创新研究

(一)互联网背景下企业人力资源管理变革概述

1.管理方式的变革:从领导"拍脑门"到让数据说话

互联网时代员工的社交形式更加个性化、丰富化,依托微信、微博、QQ 等平台,员工的价值观念、欲望需求不再是"雾里看花",而是"清晰可见",并且"显而易见",借助网络媒体信息数据的平台,企业不仅可以从战略上把握和管理员工的人力资源情况,还可以详细确定他们当下的内在需求和未来的发展潜力,进行个性化的人力资源培训和员工职业生涯规划。同时网络媒体可以使人员招聘范围更加广泛,数据更加真实可靠,避免了原来招聘过程中面对大量的招聘信息无从下手、无力处理的尴尬和困境,依托信息数据的分析比对技术,可以找到更适合的人,提高员工的职业胜任

力,让员工工作得更自如,也让人员招聘更高效,真正做到事得其人、人尽其才。

2. 组织结构的变革:建立快速反应的新型合作组织

互联网时代信息的多元化和泛在化使得员工对企业的依赖度降低,远程工作成为常态,每个企业所面临的竞争环境、行业动态千差万别又瞬息万变,在以客户为中心,快速响应的时代背景下,传统化的组织势必没有市场,与之相对应的是丰富多元的柔性组织,形成管理者、员工以及客户之间的无障碍互动交流。小米公司采取的是扁平式的组织结构,小米的组织结构基本上就是三级,所有人都以满足客户需求、为客户创造价值为导向,然后大家分工协作,承担各自的责任和任务。小米实行"去中心化"的管理体制,所谓"去中心化"就是让客户成为发令员,客户的需求就是命令,一切以客户为导向,形成员工和客户需求间的直线联系,管理者提供支持和配合,通过客户倒逼机制构建新型的合作关系。

3. 分配模式的变革:实现员工和企业的利益共享

除了企业组织变革外,还有一个重大的变化就是利益分享机制的变化,从人力资源走向人力资本。在人力资本时代,人力资源取代物力、财力资源将成为企业价值创造的主导要素,如何留住人才尤其是企业的核心人才,成为摆在当代管理者面前的一个难题。所谓"财聚则人散""财散则人聚",华为走在了时代的潮头。华为的集体持股,在中国企业可以说史无前例,造就了华为式管理的向心力和凝聚力。一次又一次地攻下堡垒,拿下市场,帮助华为脱离险境转危为安,并且不断创造着辉煌。

4. 管理角色的变革:关注员工的内心体验,打造员工学习成长、价值创造的平台

值得追随的领导要有"渡人之心",要为员工打造学习成长、价值创造的平台。现代人力资源管理注重创造合作共赢的组织气氛,为员工做好职业生涯设计,发挥员工特长,打造员工的价值实现通道。华为的以人为本,不是以懒人为本,而是以奋斗者为本,让拼搏者、奋斗者有尊严、有价值,华为的股份制不单单是分配模式的改革,更是员工角色的转变,它把员工从打工仔变成了企业的股东,员工不是为老板打工,而是为自己和家人打拼,从而让大家心往一处想,劲往一处使,使企业迸发出真正的凝聚力和源源不断的创造力。互联网时代已经来临,它带来了全新的观察和管理的方法,不仅有直觉和经验,还有数据和分析。通过信息数据的分析技术,企业可以更清楚地了解自己的人力资源状况,制定出更适合企业发展的战略和规划,不断优化人力资源结构,促进企业的长期稳定发展,让信息数据成为企业人力资源管理的得力工具。

(二)互联网背景下人力资源管理六大模块的创新

人力资源管理包括人力资源规划、招聘与配置、培训与开发、绩效管理、薪酬管理及员工关系六大模块。六大模块之间相辅相成,相互联系,对解决企业人才的"留、选、育、用"问题具有极为关键的作用。互联网时代的到来,为其注入了新的能量,有人认为,互联网将成为人力资源管理的第七大模块,渗透到六大模块之中,为每一模块提供过硬的数据支持,推动人力资源管理系统的全面创新。

1. 互联网信息数据与人力资源规划:事实+数据

人力资源规划的主要任务是预测人员需求,目前所采用的方法主要有专家预测、回归分析、趋势分析和比例分析等。管理者在使用这些方法的时候大多具有主观臆断性,不能做到全面客观,而互联网时代的到来却可以很好地解决这一难题。在互联网的环境下,通过对组织内外部信息资料的收集,管理者可以确切地掌握反映每一位员工真实情况的各种数据。在了解了员工的基本情况、受教育信息、实习或工作经历、普遍兴趣和爱好等结构化和非结构化的基础数据,解决问题的时效、参与竞赛情况等非结构化的能力数据,以及员工的任务完成效率和绩效成果等效率数据和潜力数据之后,结合员工个人的目标和发展需求以及企业近几年的人力资源流动情况等,人力资源部门就可以对员工的数量、质量、结构等做出客观的静态分析,对人员的流动性等做出精确的动态分析,随时预测空缺岗位的需求人数,查看其中哪些岗位的人员可以通过企业内部培训来填充,哪些岗位的人员必须通过企业外部招聘获得。

人力资源部门通过对数据进行收集、统计和分析并结合企业的战略目标,制订未来人力资源规划。按照这样的原则,企业所有的人事决策都以"事实+数据"的形式进行,不仅可以客观地确定未来人力资源工作的重点,还可以确定具体的方案和计划。人力资源部门要善于利用数据、正确利用数据,做出的每一步规划都要以事实为前提、以数据为基础,这对企业公平地建立、制定与实施人事政策等多方面都将产生不可估量的影响。

2. 互联网信息数据与人才的招聘与配置:社交网络+数据处理

在招聘的过程中,企业大多采用网络招聘、校园定向招聘和现场招聘等多种形式,招聘者只对求职者的部分基础数据有大致的了解,如专业情况、实习经历等半结构化数据,对求职者的动手能力、专业技能掌握情况等一些重要的非结构化能力数据却并不太了解,对于求职者的一些业绩完成时效、职称提升率更是全然不知。在互联网的背景下,一种不断融合社交网络的立体化的新招聘形式逐渐受到人们的关注。其中较为成功的社交网络就是领英(LinkedIn),它能够借助社交基因弥补传统招聘的不足,既能使招聘者对求职者的社交信息有详细的了解,提高招聘的质量,节约招聘成本,又能拓宽求职者了解应聘公司信息资料的渠道,提高其应聘的效率。社交网络拥有很多数据集群体,基本涵盖了与一个人有关的全部信息,如工作信息、生活状况、社会关系、工作效率、能力和潜力开发等。人力资源部门借助社交网络能够直接获取求职者的各类信息,不仅包括人力资源管理中所涉及的互联网信息,还包括其他信息,如政务数据信息等,从而形成与求职者有关的立体信息集,全面了解求职者的实际情况,实现精准的"人岗匹配",达到人尽其才、才尽其用、人事相宜的状态。

3. 互联网信息数据与员工的开发:最大潜能+查缺补漏

职业生涯管理作为人力资源开发的重要组成部分,在企业的人力资源管理中发挥着重要的作用,可以更加有效地开发和利用企业内部的人才资源,减少对外部招聘的依赖,节约招聘成本,节省招聘时间;增强员工对企业的忠诚度和向心力,提高工作的积极主动性,降低离职率。在互联网时代,海量的具体量化数据可以为职业生涯管理提供更具有说服力的信息并增强决策的可行性。

在信息数据的理念下,职业生涯规划是基于全部数据的,因此在信息的收集上人力资源部门不仅要了解员工的应聘岗位、晋升意愿以及职业规划等结构化与非机构化的数据信息,还要深入挖掘与职业生涯规划相关的其他信息,力求保证信息的完整性与整体性,然后对这些信息进行量化分析,摒弃一部分干扰数据,最终形成员工的立体信息集,使职业规划定位和职业引导更具有针对性和说服力。企业可以利用软件技术开发设计一套基于信息数据理念的职业生涯管理测评系统,对于传统的职业生涯管理取其精华,去其糟粕,与信息数据下的职业生涯管理结合起来,发挥二者的优势。由此一来,企业可以全面地掌握员工行为,主动地为员工提供"量身定做"的人事服务,帮助员工胜任工作并发掘员工的最大潜能,提高企业的竞争力。然而,在互联网时代,现有的人力资源开发方式存在严重的局限性,其中较为明显的就是人力资源的培训开发。培训分为岗前培训和在职培训,能使员工了解岗位的工作职责,认清工作重点,改善工作中的不足,提高工作效率,实现"人岗匹配"。因此,对员工进行培训十分重要。目前,大多数企业都采用问卷调查的形式,让员工参与其中以确定培训的内容。然而,随着互联网时代的到来,这些方式日见其片面性。信息数据中的一个"大价值"就是在应用中纠正错误,因此人力资源管理部门应关注相关数据所表现出的错误,实施针对性的培训,做到查缺补漏。例如,对于煤炭企业的煤矿挖掘机操作作业的专业技术人员来说,可以从其业绩完成率等结构化的效率数据来反映其需要培训的内容。换句话说,如果专业技术人员的业绩指标出现了下滑,人力资源部门就可以针对问题进行数据的收集、整理与分析,深入挖掘根源数据,确定问题来源是专业技术知识的缺乏还是团队士气的不足,从而确定不同的专业人员的培训计划。企业可以根据不同的情况,制订不同的部门培训计划、一般人员的培训计划、选送进修计划等。这样一来,人力资源管理部门就能对员工的培训做到游刃有余。

4. 互联网信息数据与绩效考核:岗位数据+员工参与

在以往的考核中,考核者大多依赖有限的记录对被考核人士进行主观评价,进而确定考核结果。例如,通过记录员工的出勤率、工作热情程度等通用型结构化和半结构化的基础数据和故障率、任务完成率等岗位型的效率数据来确定员工对企业的贡献。

然而,在互联网时代,想要在考核中做到客观公正,消除员工的机会主义行为,人力资源部门就必须改变原有的考核方式,开发和利用以数据为依托的人员考核和胜任力分析工具。在绩效考核指标的设计中,首先进行的就是岗位分析。因此,企业要充分利用现代科学技术和平台,全面收集和深入挖掘岗位相关数据,建立以数据为依托的绩效考核指标,进而设计员工考核的分析工具,使其不仅可以客观地肯定员工过去对企业的贡献,还可以对员工未来工作的改进提供量化的指导。此外,还可以在企业内部建立信息共享和互动平台,如通过微博、微信、贴吧、公告板系统(BBS)等,让员工对绩效考核指标的筛选、内容的确定、实施的流程等一系列要点各抒己见,积极地进行讨论互动。由此一来,人力资源部门就可以利用平台所产生的大量数据客观地确定绩效管理的方案,明确员工最关心的问题和最希望的解决途径等。利用这样的互动平台,员工就间接地参与了绩效考核政策的制定,还可以对企业的领导及其他人员的绩效进行直接的考核,有助于推动组织管理和绩效考核的透明化、领导对员工绩效的把握和员工对领导工作的监督以及员工之间的信息共享和相互沟通。让员工参与其中,使其更能感受到企业对其重视,进而调动其工作热情,提升其对企业的忠诚度。

5. 互联网信息数据与薪酬激励:针对性+多元化

有效的激励不仅是对员工过去业绩的肯定,使其获得成就感,还对员工未来工作积极性的提高具有重大的意义。随着人力资源管理系统的不断发展,薪酬激励的手段不断增多,体系日趋完善。就目前来说,主要有以下几种激励措施:物质利益激励、事业激励和感情激励。

物质利益激励主要包括薪酬激励和福利激励,如基本工资、绩效奖金、津贴和五险一金等,这些都是员工基本生活和稳定工作的保障。在互联网时代,要以数据为基础,用事实说话来制定薪酬体系才能做到客观公正,保证人才队伍的稳定。通过对基础数据的了解,对那些长期服务于企业的员工要加大物质激励的力度,可以采取提供无息购房贷款的政策并且通过全面的数据分析来确定贷款的额度。

对那些在能力数据和潜力数据方面表现优秀的员工来说,仅仅采用丰厚的物质激励是远远不够的,还要采取多元化的激励手段。根据马斯洛的需要层次论,人都有自我实现的需要,在企业内,尤其是高层或骨干员工,他们都希望在专业上有所建树,在职位上有所提升,其名誉权威需求比物质利益需求更加强烈。因此,企业可以制订相应的进修计划,其名单的考核和确定一定要以员工所产生的信息数据为基础。此外,感情激励也是一种很好的激励手段,是对员工的尊重与信任、理解与支持、关心与体贴。企业恰当地利用感情激励能够充分调动员工的工作热情,培养员工的忠诚和信任,从而打造一支稳定的工作团队。例如,在企业内部建立经济困难预警系统,当员工使用餐卡在食堂的餐饮消费低于一定数额时,系统会自动给其发送通知,询问其是否需要帮助,相关人员还将根据预警进一步地详细核实,最终确定是否对其提供帮助以及帮助的具体程度。

6. 互联网信息数据与员工关系:劳动契约+心理契约

劳动契约明确规定了企业与员工之间的权利与义务,而在互联网时代,劳动契约要更多地体现人性化的原则才能保证员工满意,降低企业的离职率。例如在考勤管理方面,随着互联网时代的到来,计算机技术的广泛开发和应用,一种由打卡记录员工出勤情况的考勤手段发展到指纹记录,有些企业甚至已经采用瞳孔记录等一些更为先进的手段,这些都很好地体现了以人为本的原则。

此外,企业仅仅以劳动契约与员工建立关系是远远不够的,还需建立以共同愿景为基础的心理契约。以数据和客观事实为基础进行人事决策,让员工参与其中对数据进行全面分析,使员工感受到客观公平,从而对工作更加积极,更容易在核心价值观上达成共识,由此来培养员工的职业道德,实现员工的自我发展与管理。互联网时代人力资源管理的信息化及全球化,使得员工通过计算机技术与网络技术逐渐改变其原有的工作方式,不断提高工作效率、规范业务流程,为企业带来更好的增值服务,实现企业和员工个人共同成长和发展,为实现双赢的目标而共同努力。

第二节　互联网时代人力资源管理的创新的原则与内容

一、互联网时代人力资源管理的创新的原则

(一)调动和激发人力资源的积极性、主动性和创造性的原则

人力资源管理创新应该调动和激发人力资源的积极性、主动性和创造性。从效果上看:企业应该提供能够让每个人力资源个体都有施展才华的机会与平台;创造有利于培训和提高人力资源的知识、能力及良好的心智模式的环境;了解和满足人力资源的需要,注重工作中人际关系的沟通和交互作用。

(二)人力资源与组织共同发展的原则

在工业经济时代,虽然行为科学理论曾提出以人为本的管理思想,但其出发点还是人为组织的发展服务,人被看成组织发展的工具,是组织用来开发和利用的资源。在新经济时代,人力资源的思维模式、价值观等都发生了巨大的变化,人力资源的个性与自主性以及自我价值的实现都渴望得到展示与充分尊重和鼓励。在考虑员工的职业规划和职业生涯的同时,组织要努力使员工的发展与组织的发展同轨同步。在员工与组织共同承担风险的同时,员工也应该能够分享组织的成果,让人才能够实现个人价值。

(三) 学习、借鉴及与组织环境相适应的原则

组织经营的内外部环境无时无刻不发生着变化,组织的发展非常容易受到外界因素干扰。所以组织要学习和借鉴先进的人力资源管理的管理思想、理论和方法,参考市场经济发达的国家的人力资源管理理论与实践,以更新组织自身的人力资源管理理论、方法。同时,组织在进行人力资源管理创新时,应与本组织环境相适应,在符合组织实际情况的基础上,进行有所突破、不断进取和循序渐进的创新。

(四) 同组织经营战略相适应的原则

传统的人力资源管理职能是以甄选、招募、培训、薪酬、绩效评价等事务性活动和传统性活动为主要内容。现代人力资源管理要适应组织的长期发展的需要,不仅具有传统的管理职能,更要进行知识管理、研修开发、战略调整以及战略更新等新的活动。这意味着,人力资源管理职能正向一种既能承担新的战略角色,同时又能成功地履行原有的种种职责的新型人力资源管理职能进行转变。企业人力资源管理职能的角色渐渐定位为企业的战略经营伙伴,这样才能成为企业赖以赢得竞争优势的重要工具。

(五) 加强人力资源管理人员开发的原则

在一些组织内,人力资源管理工作者的素质不能适应新环境提出的新要求,这就影响了人力资源的管理水平和人力资源创新。人力资源管理人员是一个广义的群体,它不仅指直接从事人力资源管理的有关人员,而且还包括各级主管、领导岗位上的人员。人力资源管理不仅仅是人力资源部门的事情,而且是整个组织的大事情。应提高人力资源管理工作者的素质,从而提高组织实现人

力资源管理预定目标和创新目标的能力。

二、互联网时代人力资源管理创新的内容

(一)激励机制创新

激励是企业人力资源管理的核心,是吸引人才、留住人才的重要手段。行之有效的激励机制,能够把企业员工的工作热情和潜能充分调动和挖掘出来,极大地鼓舞企业员工干事创业的士气,推动企业的发展和壮大。如何创新激励机制,从而吸引优秀人才、激发人才的能量、充分发挥人才的积极性和创造性、为企业创造出更大的价值,这是企业必须解决的重要问题。

(1)薪酬激励。薪资报酬是激励员工的基础,要搞好薪酬激励,关键是科学地设计好企业员工的薪酬结构。要根据不同类型的人员制定科学的岗位职责,并按岗位所承担的责任及所需素质要求确定其基准工资,然后根据岗位职责设计考核标准,并按照考核结果确定该岗位责任者的实得工资。把员工的薪酬与绩效挂钩,从而更好地激励员工的积极性。

(2)产权激励。以企业的股票或企业股票期权为主要方式,对员工实行产权激励,把员工的个人利益与企业的经营效益联系起来,让他们感到个人利益与企业整体利益息息相关,愿意为企业整体利益服务。

(3)奖惩激励。企业要对员工的行为表现做出正确的评价,充分肯定和赞扬员工的工作成绩,并给予一定的奖金,以激发员工的荣誉感和积极性。对有失职行为、损害企业利益的员工,要及时进行批评教育,并给予适当的惩罚。

(4)福利激励。企业的领导者要关心员工的生活福利,根据企业的经济效益,制定有关福利待遇的发放标准,确保员工生存与

安全的需要,激励员工为企业多做贡献。

(5)理念激励。企业要加强思想政治教育工作,引导员工树立科学的理想信念和正确的人生观,使企业成为由有共同理念的人组成的战斗群体从而产生理念共鸣效应,激发员工为实现共同的理想信念而奋斗。

(6)目标激励。企业的目标是企业凝聚力的核心,必须重视抓好目标激励。要大力宣传企业的战略目标和发展前景,并注意把企业目标与员工个人目标结合起来,使员工认识到企业目标包含着个人目标,只有完成企业目标才能实现个人目标。要根据企业经营要求、市场环境和员工的能力,制定出适当的经营目标和奖励标准,并将其传达到所有员工,使其成为员工的努力方向,从而激励他们为实现企业目标和个人目标而努力。

(7)形象激励。良好的形象是激励员工的动力,企业的领导应该重视抓好形象激励。要通过培育企业精神和优良品牌,树立良好的企业形象,激发员工的荣誉感、自豪感和成就感,激励员工爱岗敬业,努力为企业的发展贡献自己的力量。

(8)情感激励。企业的领导者要加强与员工的感情沟通,尊重员工,关心员工,帮助员工解决实际困难,与员工建立亲切感情,使员工体会到企业的关心和温暖,从而激发他们的积极性和责任感,促使他们保持良好的情绪和工作热情。

(9)自我激励。人的需求是人的行为的动力源泉,企业要建立有效的激励机制,应该注重把握员工的需求,并按需求层次进行调整和选择,建立员工自我激励制度。企业的领导者要设法使员工的工作具有挑战性,给员工一种自我实现感。要让员工参与企业的目标管理,鼓励员工提出改进工作的合理化建议。要给员工自身进步和发展的机会,使他们在实践锻炼和培训学习中提高自己的水平,满足其实现自身价值和发展提高的欲望,从而使员工产生参与感和成就感,更好地发挥他们的潜能。

上述几种激励方式的有机结合,形成了现代企业的良好激励机制。只有正确运用各种不同的激励方式,才能真正调动人的积极性。使人力资本的效益得到整合性的提高,保证人力资源使用的整体效果。

(二)绩效考核机制创新

传统的绩效考核机制属于一种非参与性的评价制度,员工被动地接受任务、目标模糊、责任不明确,工作完成后由上级采用有限的指标和主观印象对下属进行评价与考核,偏差较大,无法激发员工的积极性。在发展过程中,企业在人力资源管理中不单单注重对人的定性化考核,而是不断开发出新型的绩效考核机制。比如,主要采用目标管理的方式,为每个员工确定明确的工作目标,加强上下级间的沟通,从而实现员工的自我控制。海尔的"赛马机制"就属于这种考核机制,通过给每个员工确定明确的目标和不断的考核,合理流动,能者上,庸者下,实现了公平竞争。

三、互联网时代人力资源管理创新的模式

(一)电子化人力资源管理

电子商务是通过互联网和万维网使用电子数据传输进行的商务活动,它是虚拟经济和经济全球化实现的主要商业模式。电子商务依托互联网平台得到了大力的发展,这种发展也体现在人们的日常生活当中,使人们的生活方式发生了巨大的变化,同时电子商务的发展也为企业带来了浪潮般的冲击。电子商务带来的变化是巨大的,如果企业能把这种变化和人力资源相互融合,那么对于企业而言将会呈现一个正向发展的趋势,从而达到增加企业价值

和提高核心竞争力的目的。

1. 电子化人力资源管理的概念

电子化人力资源管理属于一种新的人力资源管理模式,它是基于先进的软件,并配上高效的和较大容量的硬盘所形成的。电子化人力资源通过多种功能,来帮企业达到成本下调、人工效率的提高等目的。

2. 电子化人力资源管理的主要内容

(1)电子化招聘

电子化招聘与传统的招聘在方式上有所不同,电子化招聘是指利用公司的网站或第三方招聘网站来完成相应的招聘工作。以前企业的招聘方式是在各种多媒体,或者各种网站上发布企业的招聘简章,然后把合适的人挑选出来,其次再进行下一步的面试通知。此方法不仅步骤上复杂,而且对企业而言会产生大量的费用,增加相应的成本支出,并且对求职者信息的反馈速度比较慢。电子化招聘对比传统的招聘而言,有信息处理更便捷、招聘方法更简洁、目标性更强等优点。

现在一些常见的电子化招聘网站有智联招聘、前程无忧等,电子化的招聘已经相当常见,这也促进了电子化招聘的发展,从而使电子化招聘的网站星罗棋布。虽然电子化招聘网站的优点有很多,但是在众多的电子化招聘网站中,人们还是要提高警惕性,加强虚假信息识别,避免上当受骗。

(2)电子化培训

电子化培训是指通过网络、媒体等来实现相关的培训内容。相应的步骤是先让企业的人力资源部门整合有关的资源,然后在企业建立一个内部网站,可以在该网站发布一些关于培训的资料,或者是关于培训的视频,因为网络具有反馈的及时性,所以又可以保证培训的效果。企业也可以不用自己建立网站,选择和专业的人力资源培训网站进行合作,以此来完成对员工的培训。

(3)电子化绩效管理

电子化绩效管理是一种系统,它结合了先进的管理理念与管理技术,运用先进的信息管理技术对绩效管理的流程进行科学的整理,并且融合了人性化的理念,来促进企业的绩效发展。电子化绩效管理可以对员工实行更多方面的考查与管束,通过绩效结果的剖析与处理、反馈与交流,从而形成相应的薪资报酬计划、培训计划以及职业规划等。

(4)电子化薪酬

电子化薪酬指的是可以运用互联网来实现员工个人工资的发放和查询等目的。工资进行核算时,可将各项社会保险和个人所得税按照国家财政出台的明文规定加以会计核算,并可输出薪资报告、银行转账文件、各项税表等。员工也可以对自己的工资进行查看,以此来了解自己每月的工资状况。

(5)电子化沟通

企业可以为员工在网站上建立个人主页,也可以通过论坛、公告栏等使员工进行更直接、更广泛、更有效的沟通。这种做法可以使工有一个可以表达的地方,方便员工为企业提出见解和想法。从企业的管理层来看,管理者能够更快速与更清晰地掌握员工的所想与所愿。对企业而言,此举有利于帮助企业的上层员工加强管理能力,乃至还有凝聚员工意志力的作用。

(6)员工自助服务

员工登录企业的人力资源系统,选择自己的页面,可以修改或者核对自己的信息,比如核对考勤记录是否正确,或者核对工资的情况等。在此系统里,员工也可以申请线上培训。员工的自助服务为人力资源的工作带来了一定的方便,使工作的效率更高,同时各个部门的沟通交流都能得到一定的改进。

3. 电子化人力资源管理的优势

电子化人力资源管理对比传统的人力资源管理,其优势在于技术与手段上的领先,还有大大提升了人力资源的管理效率,节约了成本等。

(二)虚拟组织人力资源管理

1. 虚拟组织与虚拟组织人力资源管理

虚拟组织能够应运而生的一个原因是,市场所带来的新的良机,同时它也会因为市场需求的下降而逐渐退出,所以虚拟组织也可以说是动态的组织联盟。它和我们市面上的传统企业有所不同,它不具备独立的法人资格,它更像是一种约定,由两个或者两个以上的具有法人资格的企业或者集团组成的一种动态的组织合作模式,并且通过契约的形式来明确双方成员应尽的事项,而当目的实现以后,该组织就可以解散了。

虚拟组织首要是拥有知识资本,在现在信息化的时代企业对员工进行了一系列的开发和培训,所以员工就是知识的载体,其重要性无须多说。虚拟组织的人力资源管理工作通常是由虚拟化的人力资源管理职能的合作单位与专门将人力资源作为企业关键竞争力的合作伙伴一起协调进行的。

2. 虚拟组织人力资源开发的特点

(1)专长化

专长化是指已经形成虚拟组织的合作企业在自身企业所专长的范畴里供给自身的核心能力,以达到专业特长上的互帮互助。包括人力资源管理企业所组成的虚拟组织中的各主要参与者,都只留取自身的专业特长及相关的功能,其他的专业特长中如不够优秀就舍弃不用。

（2）合作化

在虚拟组织里,单个企业并不能具备完整的功能和资源,然而为了任务能够完成,就必须去寻找能够在功能或者资源上提供帮助或者可以相辅相成的企业来进行合作。虚拟组织在从事人力资源管理活动时,参与合作的各个企业所展示的都是各自的核心竞争力,也就是其各自最优秀的资源。所以参与方都能实现共赢的局面。

（3）外部化

外部化指的是需要接受培训的人员对于人力资源管理机构来说是外部的,而人力资源管理机构对于需要接受培训的人员也同样是外部的。与此同时,网络支持部门对这两方来说也是各为外部存在。

（4）网络化

人力资源的管理离不开网络技术的支持,而虚拟组织的能力发展基础正是信息网络。虚拟组织在资源与功能上往往会呈现出一个分散的情况,会散布在许多不同的区域,为了突破空间距离以及时间上的壁垒,双方都是通过高效的信息网络连接在一起的。网络化在一定程度上克服了实体企业中的缺点。

（5）灵活性

参与虚拟组织的人力资源管理的企业所执行的都是间续式合约,是根据市场的情况而做决定的。机遇到了就一起共事,机遇散了组织也就解散,有非常高的灵活性。以此为基础的人力资源管理运作模式既可以满足人力资源开发的目的,同时也不会增加相应的费用。待任务结束的时候,人力资源开发的团队便可就地解散,伙伴企业和网络中心都回到预备的状态。网络中心主要负责网络上的管理,在工作上对合作伙伴单位以及人力资源开发工作小组等进行协调和监控。

（三）全球化人力资源管理

为表示对国际化战略的支持,跨国企业往往会根据全球化的需求和规则去制定方式方法和规则,以此用来挑选人才和培育人才。在选择全球化人才时通常会从以下几个方面去入手:人力资源规划、专业技能和管理技能。

外派的目的和本质是靠全球化人力资源计划来明确表示,外派人员的专业水平和业务能力主要是通过专业管理标准来实现。所以企业往往在这两方面都有很好的准备,但是在全球化的能力上还是会有一些欠缺。比如说用跨国企业举例,每年人力资源部门都会在全球人员里进行筛选然后选派,汇丰银行内部国际外派人员已经筛选出了1 000名到2 000名,当然选派也是有一定的要求,在文化方面要有较强的灵敏性和适应能力,因为只有接纳不同的文化,才能打开市场,走向世界。

参 考 文 献

[1]张文贤. 人力资源总监:人力资源管理创新[M]. 上海:复旦
大学出版社,2012.

[2]刘晓红. 人力资源管理创新与评价[M]. 成都:西南交通大学
出版社,2006.

[3]刘磊,张淑芳. 人力资源管理创新最佳实践[M]. 上海:上海
交通大学出版社,2012.

[4]石磊. 战略性人力资源管理:系统思考及观念创新[M]. 成
都:四川大学出版社,2008.

[5]孙锐. 战略人力资源管理与组织创新氛围研究:基于中国企业
研发人员的调查[M]. 北京:人民出版社,2013.

[6]曾湘泉,周禹. 人力资源管理与创新:理论、实践与机制[M].
北京:中国人民大学出版社,2009.

[7]张一弛. 人力资源管理教程[M]. 北京:北京大学出版
社,1999.

[8]马希斯,杰克逊. 人力资源管理教程[M]. 李小平,译.北京:
机械工业出版社,1999.

[9]陈维政,余凯成,程文文. 人力资源管理与开发高级教程
[M]. 北京:高等教育出版社,2004.

[10]郑晓明. 现代企业人力资源管理导论[M]. 北京:机械工业
出版社,2002.

[11]诺伊,霍伦贝克,格哈特,等. 人力资源管理:赢得竞争优势

[M]. 刘昕,译. 北京:中国人民大学出版社,2013.

[12]赵曙明. 中国企业人力资源管理[M]. 南京:南京大学出版社,1995.

[13]安鸿章. 企业人力资源管理师(一级)[M]. 北京:中国劳动社会保障出版社,2015.

[14]朱玉媛. 现代人事档案管理[M]. 北京:中国档案出版社,2002.

[15]赵西萍. 组织与人力资源管理[M]. 西安:西安交通大学出版社,1999.

[16]克林纳,纳尔班迪. 公共部门人力资源管理:系统与战略[M]. 孙柏瑛,译. 4版. 北京:中国人民大学出版社,2001.

[17]张建国,徐伟. 绩效体系设计:战略导向设计方法[M]. 北京:北京工业大学出版社,2003.

[18]李永壮. 国际人力资源管理[M]. 北京:对外经济贸易大学出版社,2011.

[19]孙健. 海尔的人力资源管理[M]. 北京:企业管理出版社,2002.

[20]PYNES, J E. 公共和非营利性组织的人力资源管理[M]. 王孙禺,达飞,译. 北京:清华大学出版社,2002.

[21]石磊. 战略性人力资源管理:系统思考及观念创新[M]. 2版. 成都:西南财经大学出版社,2011.

[22]王兰云,苏磊,张立艳,等. 基于双元创新能力的战略人力资源管理一致性与柔性效应的整合研究[M]. 天津:南开大学出版社,2015.

[23]吴国存,李新建. 人力资源开发与管理概论[M]. 天津:南开大学出版社,2001.

[24]陈树文. 人力资源管理[M]. 北京:清华大学出版社, 2010.

[25]熊超群, 周良文. 创新人力资源管理与实战[M]. 广州:广东
经济出版社, 2003.